T0193240

Die Löwen-Liga: Wirkungsvoll führen

Sebastian Quirmbach
Peter Buchenau
Zach Davis

Die Löwen-Liga: Wirkungsvoll führen

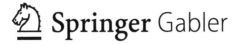 Springer Gabler

Sebastian Quirmbach
Coach und Trainer für Leadership
Bonn
Deutschland

Peter Buchenau
The Right Way GmbH
Waldbrunn
Deutschland

Zach Davis
Peoplebuilding Inst. f. nachhaltige
Effektivität
Geretsried
Deutschland

ISBN 978-3-658-05286-7   ISBN 978-3-658-05287-4 (eBook)
DOI 10.1007/978-3-658-05287-4

Die Deutsche Nationalbibliothek verzeichnet diese Publikation in der Deutschen Nationalbibliografie; detaillierte bibliografische Daten sind im Internet über http://dnb.d-nb.de abrufbar.

Springer Gabler
© Springer Fachmedien Wiesbaden 2015

Gedruckt auf säurefreiem und chlorfrei gebleichtem Papier

Springer Fachmedien Wiesbaden ist Teil der Fachverlagsgruppe Springer Science+Business Media
(www.springer.com)

Geleitwort von Mark Edwards

Ich habe Sebastian Quirmbach vor ca. fünf Jahren bei einem gemeinsamen Training kennengelernt und noch vor Ort haben wir beschlossen, eines Tages an gemeinsamen Projekten zu arbeiten. Ich war beeindruckt von seiner Offenheit und seiner Empathie im Umgang mit Klienten, sowie von dem ihm eigenen Talent, praxiserprobtes Fachwissen lösungsorientiert zu vermitteln und anzuwenden. Er führt seine Klienten gekonnt zur Erkenntnis ihrer aktuellen Entwicklungsstufe sowie ihres Potenzials und er hilft ihnen eine persönliche Erfolgsstrategie zu entwickeln und umzusetzen.

Sebastian Quirmbach ist ein echter „Leader", der das, was er sagt auch täglich umsetzt.

Seine praxisnahen Erklärungen machen komplexe sozialpsychologische Erkenntnisse leicht verständlich und im Alltag für all diejenigen anwendbar, die als Führungskraft nach zeitgemäßen und praktischen Lösungen suchen.

Genau diese Stärken hat Sebastian Quirmbach voll in dieses Buch eingebracht.

Eine der größten Herausforderungen für Führungskräfte ist die Fähigkeit, sich selbst möglichst objektiv zu betrachten und die eigenen Schwächen zu erkennen. Die Leser dieses Buches werden in jedem Kapitel aufs Neue merken, wie leicht sie sich mit den beiden Hauptfiguren identifizieren können und zwar sowohl im Positiven, wie im Negativen. Sie werden sich einerseits mit Kimba über Erfolge freuen und schon wenige Seiten später mit Lono eine neue, scheinbar unlösbare Führungsherausforderung erleben.

Gleichzeitig zeigt die Geschichte von Lono, dem eigentlichen Helden des Buches, auch die mögliche Erfolgsgeschichte des Lesers selbst. Jede erfolgreiche Führungskraft wurde durch Erfahrung geformt, durch Hilfe unterstützt und wächst kontinuierlich durch einen persönlichen Prozess zu mehr Reife, Ausgeglichenheit und Klarheit.

Die Leser finden in diesem Buch grundlegende und aktuelle Konzepte aus der Welt moderner Führungstheorien, die in anschaulichen Praxisbeispielen in den Handlungsstrang eingewoben sind.

Auf den ersten Blick ist dies ein höchst unterhaltsames Buch über die kleinen und großen Erfolgsmomente in der komplexen Welt der Führungsverantwortung. Dahinter verbirgt sich jedoch noch mehr, nämlich die Einladung an den Leser den Löwen in sich selbst zu entdecken.

Ich empfehle dieses Buch aus vollem Herzen all jenen Menschen, die ihren eigenen „Leadership Journey" als täglichen Wachstumsprozess verstehen.

Ihr

Mark Edwards
Programme Director,
London Business School

Vorwort von Peter Buchenau und Zach Davis

Die „Löwen-Liga: Wirkungsvoll führen" steht wie schon das Originalbuch „Die Löwen-Liga: Tierisch leicht zu mehr Produktivität und weniger Stress" von Zach Davis und Peter Buchenau für eine Welt, die sich permanent verändert und deren Anforderungen ständig steigen. Dies gilt vor allem auch für Führungskräfte: Neben den meistens weiterhin erforderlichen fachlichen Qualifikationen soll die moderne Führungskraft von heute ein wahrer Alleskönner sein – ein Ohr für seine Mitarbeiter haben, gleichzeitig durchsetzungsstark sein, eine klare Linie haben, aber flexibel sein, das Tagesgeschäft im Griff haben, aber auch strategische Weichen stellen und Projekte vorantreiben. Kurzum: Die Führungskraft muss in alle Richtungen stark sein – nach oben, unten, lateral und nach außen hin.

Die Arbeitswelt ist bei der Vielzahl von Meetings, E-Mails und Erwartungen aus verschiedenen Richtungen nicht einfacher geworden, vor allem, aber nicht nur, in der Sandwichposition. Immer mehr Führungskräfte fragen sich, wie sie allen Anforderungen gerecht werden sollen.

In der Führungsliteratur gibt es immer wieder unterschiedliche Ansätze und Trends. Sebastian Quirmbach konzentriert sich hierbei als Experte Führungsprozesse und – mechanismen, auf das Wesentliche: Die zu erzielenden Ergebnisse und den Menschen. Im vorliegenden Buch geht es einerseits um grundlegende, erprobte Führungsgrundsätze, die Handlungssicherheit geben und andererseits um viele Details, die sowohl der jungen als auch der erfahrenen Führungskraft zahlreiche nützliche Tipps für den Führungsalltag mitgeben.

Dieses Buch handelt wie das Originalbuch der Löwenliga von zwei Löwen. Sie haben beide ähnliche Voraussetzungen: Intelligenz und eine gute Ausbildung. Sie entwickeln sich in vielen Punkten parallel, aber an manchen entscheidenden Stellen haben sie unterschiedliche Sichtweisen und treffen unterschiedliche Entscheidungen. Daher erzielen sie auch unterschiedliche Resultate.

Dieses Buch ist keine Fortsetzung des Erstbuchs im Sinne einer an allen Stellen konsistenten Handlung. Dieses Buch behandelt eine ganz neue, aber in vielen Punkten ähnliche Geschichte, die durch die Metapher der Löwen aufzeigt, wie sich Individuen unter gleichen Voraussetzungen unterschiedlich entwickeln können. Trotz der neuen Geschichte, ist dieses Buch stark angelehnt an das Original, spielen wieder Kimba und Lono die Hauptrollen, wiederum unterhaltsam verpackt, wieder mit Karikaturen veranschaulicht, aber dieses Mal bereits schon mit einem anderen Zeichner um auch hier nochmal zu verdeutlichen, dass dieses Buch eine neue, eigene Löwengeschichte darstellt.

Einen großen Dank gilt es in diesem Buch an Sebastian Quirmbach auszusprechen. Er ist der maßgebliche Autor des Buches und er hat viele dieser kleinen Unterschiede selbst er- und durchlebt. Sebastian Quirmbach vereint Theorie und Praxis – Letzteres geprägt durch seine eigene Führungserfahrung in mehreren Branchen und seine Erfahrung als Trainer und Coach in sehr unterschiedlichen Sektoren – von der Musikbranche, über produzierende Unternehmen bis hin zu Kanzleien und Projekten in Ministerien mitten in einem Korruptionsskandal – fernab von Europa.

Einen weiteren Dank gilt es, Mark Edwards auszusprechen. Mark Edwards ist Programme Director an der London Business School und hat das Geleitwort für dieses Buch verfasst.

Profitieren Sie vom Wissen aller Mitwirkenden, vor allem der beiden Löwen Kimba und Lono.

Peter Buchenau und Zach Davis

Inhalt

Die Autoren

Sebastian Quirmbach ist als Coach und Trainer für Leadership international gefragt. Er kombiniert seine Erfahrung als Führungskraft in Deutschland, Spanien und Nordamerika mit dem Fachwissen verschiedenster Studien: Musikstudium in Los Angeles, Betriebswirtschaftslehre Fernhochschule Hamburg, angewandte Psychologie Universität Valencia, Businesscoaching und Changemanagement Fernhochschule Hamburg. Zu seinen bisherigen Veröffentlichungen gehören mehrere Online-Kurse zu unterschiedlichen Führungsthemen, sowie ein wöchentlicher Blog zum Thema (Selbst-)Führung unter www.quirmbach.com.

Peter Buchenau gilt als der Chefsache Ratgeber im deutschsprachigen Raum. Der mehrfach ausgezeichnete Führungsquerdenker ist ein Mann von der Praxis für die Praxis, gibt Tipps vom Profi für Profis. Auf der einen Seite Vollblutunternehmer und Geschäftsführer der eibe AG, einem der Marktführer für Spielplätze und Kindergarteneinrichtungen, auf der anderen

Seite Redner, Autor, Kabarettist und Dozent an Hochschulen. Seinen Karriereweg startete er als Führungskraft bei internationalen Konzernen im In- und Ausland, bis er schließlich 2002 sein eigenes Beratungsunternehmen gründete. Sein breites und internationales Erfahrungsspektrum macht ihn zum gefragten Interim Executive, Experten und Redner. In seinen Vorträgen verblüfft er die Teilnehmer mit seinen einfachen und schnell nachvollziehbaren Praxisbeispielen. Er versteht es wie kaum ein anderer, ernste und kritische Führungsthemen, so unterhaltsam und kabarettistisch zu präsentieren, dass die emotionalen Highlights und Pointen zum Erlebnis werden. Weitere Informationen unter www.peterbuchenau.de

Die Veröffentlichungen:
1. Buch „Der Anti-Stress-Trainer – 10 humorvolle Soforttipps für mehr Gelassenheit"
2. Buch „Die Performer-Methode – Gesunde Leistungssteigerung durch ganzheitliche Führung"
3. Buch „Burnout 6.0 – Von Betroffenen lernen"
4. Buch „Die Löwenliga"
5. Buch „Chefsache Gesundheit"
6. Buch „Chefsache Prävention"
7. Buch „Chefsache Betriebskita"
8. Buch „Chefsache Prävention II"

Ihr Kontakt:
The Right Way GmbH, Geschäftsführer Peter Buchenau, Röntgenstraße 20, 97295 Waldbrunn, Tel:+49 9306-984017
speaker@peterbuchenau.de www.peterbuchenau.de

Zach Davis „Infotainment auf höchstem Niveau!"
(Handelsblatt über Redner Zach Davis)

Der Redner:
Zach Davis begeistert seit über einem Jahrzehnt auf 120 bis 160 Veranstaltungen jährlich durch seine mitreißende Rhetorik, seine Tipps mit einem Sofort-Nutzen und seine sehr unterhaltsame Art. Zach Davis ist (fast) immer der richtige Redner für Ihre Veranstaltung!

Die Schwerpunkte:
Zach Davis thematisiert zwei spezielle Herausforderungen:
1. Die steigende Informationsflut und
2. Die zunehmende Zeitknappheit.

Mit seinen Schwerpunkten „PoweReading" und „Zeitintelligenz"
liefert er jeweils entscheidende und sehr pragmatische Lösungs-
beiträge hierzu.

Die Veröffentlichungen:
1. Bestseller-Buch „PoweReading®", 6. Auflage (Leseeffizienz)
2. Video-DVD „PoweReading®-Automatic-Trainer" (Leseeffizienz)
3. Video-CD „Power-Brain" (Merkfähigkeit)
4. Bestseller-Buch „Vom Zeitmanagement zur Zeitintelligenz"
5. Video-DVD „Der Effektivitäts-Code©: Mehr schaffen in
weniger Zeit"
6. 8-teilige Audioserie „Der Effektivitäts-Code©: Hochpro-
duktivität"
7. Jahresprogramm „Der Effektivitäts-Code©: Gewohnheiten
leicht ändern"
8. Buch „Zeitmanagement für gestiegene Anforderungen"
9. Buch „Zeitmanagement für Steuerberater"
10. Buch „Zeitmanagement für Rechtsanwälte"

Filme über Zach Davis:
www.peoplebuilding.de/zach-davis/vita-film

Ihr Kontakt:
Peoplebuilding, Management Zach Davis, Egerlandstr. 80,
82538 Geretsried, Tel.: 08171-23842-00, info@peoplebuilding.
de, www.peoplebuilding.de.
Unterlagen (Portrait, Referenzschreiben etc.) erhalten Sie auf An-
frage gerne!

1

Leadership – eine Aufgabe für den König der Löwen!

Lono

Was für ein Tag! Lono fühlt sich, als könne er Bäume ausreißen. Endlich hat er es geschafft: Sein erster Tag als Chef! Vor gerade einmal drei Wochen hatte ihn die Mitbegründerin von Tiger

& Meyer, Tina Tiger, zu einem Vieraugengespräch gebeten und ihm mitgeteilt, dass Herr Müller-Wechselhaft die Leitung einer Zweigstelle im Ausland übernehmen wird. Dadurch werde der Posten des IT-Leiters frei und sie habe Lono wegen seiner hohen fachlichen Qualifikation als Nachfolger vorgeschlagen. Lono war begeistert von dieser Anerkennung. „Endlich erkennt man hier mein wahres Talent!", war sein erster Gedanke nach dem Gespräch gewesen. Stolz hatte er sofort seine Frau Löwina angerufen und ihr von der Beförderung berichtet.

Danach ging alles ganz schnell. Lono wurde dem gesamten Top-Lion-Management vorgestellt, bekam ein eigenes Büro und sogar einen Assistenten zugeteilt. Er erhielt ein mehrtägiges Führungskräftetraining, bei dem er gleich schon beweisen konnte, dass er einen angeborenen Führungsinstinkt besitzt.

Nun sitzt Lono an seinem ersten Tag als IT-Leiter in seinem Büro und genießt das Gefühl, endlich „König der Löwen" zu sein. Er spürt, dass sich die ganze Mühe und die Entbehrungen der letzten Jahre gelohnt haben. Er hat sich den Respekt seiner Vorgesetzten und seiner Mitarbeiter verdient, denkt Lono. Er lässt sich von seinem Assistenten Leopold einen Kaffee bringen und beginnt, seine Gedanken zu ordnen. Die Unterlagen aus dem Führungskräftetraining liegen auf seinem Schreibtisch. „Führungskompetenz" steht auf dem Deckblatt. Lono blättert ein paar Seiten durch. „Kommunikation, Sozialkompetenz, Motivation, Selbstkompetenz …" sind einige der Themen. „Als könne man Führung lernen", denkt sich Lono kopfschüttelnd, „Führungsinstinkt ist angeboren. Entweder man ist ein Alpha-Löwe, so wie ich, oder eben nicht." Seinem Assistenten erklärt er geduldig, dass er seinen Kaffee nur mit *einem Tropfen* Milch und in einer *mittelgroßen* Tasse wollte, *nicht* mit einem *Schuss* Milch in einer *kleinen* Tasse.

Schon als jugendlicher Löwe wusste Lono, dass er besondere Durchsetzungskraft hatte. Bei Mut- und Kraftproben kam kaum jemand gegen ihn an. „Der Zweite ist der erste Verlierer!", war sein Motto und nun bewies sich wieder einmal, dass er, Lono, zum Führen geboren war.

„Na also, war doch gar nicht so schwer", sagt er lächelnd zu Leopold, als dieser es endlich schafft, den Kaffee wie gewünscht zu servieren.

Kimba

Was für ein Tag! Kimba ist glücklich und auch ein bisschen stolz. Es ist sein erster Tag als Leiter der strategischen Entwicklung. Durch die Ereignisse der letzten Wochen fühlt er sich in seiner Arbeit bestätigt. Er wurde befördert und leitet nun also den strategischen Entwicklungsbereich des Unternehmens! Vor knapp einem Monat hatte ihn die Mitbegründerin von Tiger & Meyer, Tina Tiger zu einem Vieraugengespräch gebeten und ihm mitgeteilt, dass Dr. Hirn-Schmalz das Unternehmen kurzfristig verlassen werde. Dadurch werde der Posten des Leiters strategische Entwicklung frei und sie habe Kimba wegen seiner hohen fachlichen Qualifikation als Nachfolger vorgeschlagen. Kimba hatte besonnen reagiert und sich für das Vertrauen und die Karrierechance bedankt, gleichzeitig hatte er jedoch um einen Tag Bedenkzeit gebeten, um sich mit dem Stellenprofil vertraut zu machen und die Entscheidung auch zu Hause mit seiner Frau zu besprechen. „Das ist eine tolle Herausforderung", war sein erster Gedanke nach dem Gespräch gewesen. Gleich am nächsten Tag konnte er voller Vorfreude die Zusage geben.

Die Vorbereitungszeit hatte Kimba genutzt, um sich mit seinen neuen Aufgaben vertraut zu machen, sein Team kennenzulernen und ein Intensivtraining für Führungskräfte zu absolvieren. „Führung und Management ist nicht das gleiche." Darauf hatte der Trainer gleich zu Beginn des Seminars hingewiesen. „Führung ist gezielte Beeinflussung der Mitarbeiter – Management bezeichnet den Einsatz von Ressourcen zur Zielerreichung." Kimba hatte das so verstanden, dass Management wohl eher den technisch-sachlichen Teil seiner Aufgaben beschrieb und Führung das Zwischenmenschlich-Kommunikative. Im Laufe des Trainings war ihm auch bewusst geworden, dass Führungskompetenz eine Mischung von vielen Fähigkeiten auf fachlicher und menschlicher Ebene ist. Ihm war positiv aufgefallen, dass einige dieser Führungsfähigkeiten tatsächlich zu seinen persönlichen Stärken gehörten. Im Bereich der Selbstkompetenz zum Beispiel konnte er sich auf sein gutes Zeitmanagement und eine hohe Fähigkeit zur Stressbewältigung verlassen.

Nun sitzt Kimba an seinem ersten Tag als „leitender" Angestellter an seinem Schreibtisch und organisiert seine Gedanken. „Vier Kompetenzbereiche bestimmen meine Handlungskompetenz", erinnert er sich: „Fachkompetenz, Selbstkompetenz, Sozialkompetenz und Methodenkompetenz." Er macht sich gleich daran, seine Stärken und Schwächen in sein persönliches Entwicklungsprofil einzutragen. Im Ergebnis wird ihm deutlich, dass er vor allem im Bereich Führungsmethodik noch viel zu lernen hat. Er beschließt, in der zentralen Lioning-Abteilung um Unterstützung bei seiner weiteren Qualifikation zu bitten.

„Aber jetzt ist es Zeit für meine erste Besprechung mit Leandro", denkt Kimba. Sein Assistent Leandro war bereits für Dr. Hirn-Schmalz tätig und kennt den Bereich der strategischen Entwicklung aus langjähriger Erfahrung bestens. Kimba hatte ihn gebeten, in einer ersten Besprechung einen Überblick über die laufenden Projekte und die einzelnen Projektteams vorzustellen. Leandro ist gut vorbereitet und Kimba stellt ihm viele Fragen, um das gemeinsame Aufgabenfeld richtig zu verstehen.

Im Anschluss notiert er ein kurzes persönliches Mission-Statement für seine neuen Aufgaben.

2
Management – Fokussiere das Wesentliche!

Lono

Lono merkt schnell, dass sein neuer Posten einen deutlich größeren Verantwortungs- und Aufgabenbereich umfasst als sein vorheriger. Neben der Weiterentwicklung eigener IT-Anwendungen und dem Support der gesamten Servertechnik im Unternehmen, muss Lono nun auch Budgets verwalten, Berichte an das Top-

Lion-Management schreiben und alle Mitarbeiter der IT-Abteilung kommen mit größeren und kleineren Entscheidungsproblemen zu ihm.

Lono ist stolz darauf, dass er seinen Job trotz der hohen Anforderungen so gut erledigt. Es bleibt zwar viel Arbeit an ihm hängen, aber es gelingt ihm meistens, mit den nötigen Überstunden, die wichtigsten Aufgaben abzuarbeiten. Tagsüber fühlt er sich oft gestört, wenn einer seiner Programmierer ihn mit Detailfragen aus der Konzentration reißt, oder wenn ein Support-Mitarbeiter wegen einer defekten Maus anklopft. Als gäbe es keine wichtigeren Probleme.

Wenn nur seine Mitarbeiter auch so diszipliniert und fokussiert arbeiten würden wie er. Aber statt an Lösungen zu arbeiten, scheinen sie überall Probleme zu sehen und sich über Kleinigkeiten aufzuregen. Manchmal denkt Lono, je produktiver er arbeitet, umso mehr Sand streuen seine Mitarbeiter ins Getriebe. „Solange jeder sich auf seinen Job konzentriert und ordentliche Arbeit macht, muss der Laden doch laufen!", sagt er seinen Mitarbeitern immer wieder.

Die Fragen und Beschwerden seiner Mitarbeiter zu den Problemen mit den Computermäusen nimmt er nicht ernst. „Ich mache mich doch mit so einem Mini-Thema nicht bei der Chefetage lächerlich", ist seine Antwort, als sein Mitarbeiter Lars Lichtblick ihn erneut auf das Thema anspricht. „Finde eine Lösung, es kann ja wohl nicht so schwer sein", gibt er ihm mit auf den Weg. Das erinnert ihn an einen Spruch aus dem Führungsseminar, das er besucht hat: „Empowerment bedeutet, den Mitarbeitern Verantwortung zu übertragen, denn Autonomie und Selbstbestimmung gehören zu den stärksten Motivationsfaktoren." Lono ist stolz darauf, wie schnell er sich als Führungskraft etabliert hat.

Auch mit dem Top-Lion-Management steht es aus Lonos Sicht gut. Er erhält wichtige Informationen zu den Zukunftsprojekten des Unternehmens und fühlt sich dadurch in seiner privilegierten Stellung bestärkt. „Den Weitblick für strategische Visionen traut man eben erst Führungskräften ab einer bestimmten Stufe zu", denkt sich Lono. Und so informiert er seine Mitarbeiter nur dann über größere Zusammenhänge, wenn es absolut sein muss. Sie sollen sich nicht den Kopf über Dinge zerbrechen, die sie nichts angehen.

Kimba

Kimba merkt schnell, dass sein neuer Posten einen deutlich größeren Verantwortungs- und Aufgabenbereich umfasst als sein vorheriger. Neben der Überwachung wichtiger Indikatoren aus dem eigenen Unternehmen, der Konkurrenz und dem Marktverhalten der Kunden, müssen Kimba und seine Mitarbeiter verschiedene Szenarien planen und entsprechende Strategien entwickeln, um sie dem Top-Lion-Management zu präsentieren. Auch die Überschneidungen zur Produktentwicklung und dem Kundenservice sind groß, so dass Kimba sehr viel Kommunikationsarbeit leistet. Seine Vorgesetzten, allen voran Tina Tiger, wollen wöchentlich informiert werden und seine Mitarbeiter brauchen stets neue Informationen zu den Entscheidungen der Chefetage.

Kimba erinnert sich an die erste Lektion aus seinem Führungsseminar: die drei Aspekte von Führung. Den ersten Aspekt nimmt Kimba besonders wichtig, denn das ist der funktionale Aspekt. Er ist sich bewusst, dass seine Funktion als Leiter der strategischen Entwicklung mit klaren Zielen verbunden ist, die er mit seinem Team gemeinsam erreichen muss. Auch der zweite, nämlich der systemische Aspekt, wird ihm immer deutlicher bewusst. Er spürt richtig, dass seine Position im System von Tiger & Meyer viele Anknüpfpunkte hat, und zwar sowohl nach oben und unten als auch lateral in alle Richtungen. Kimba malt sich diese Verknüpfungen in sein Notizbuch, um den Überblick zu behalten.

Den dritten Aspekt, den Verhaltensaspekt als Führungskraft, kann Kimba noch nicht so richtig einordnen. Intuitiv versucht er, seine Mitarbeiter mit ins Boot zu nehmen und ihnen die gemeinsamen Ziele zu verdeutlichen. Trotzdem hat er oft das Gefühl, dass noch viel Potenzial ungenutzt bleibt und vermeidbare Fehler den Fortschritt seiner Abteilung bremsen. Er nimmt sich vor, besonders an diesem Aspekt zu arbeiten und sein Verhalten als Führungskraft stetig weiter zu verbessern.

3

Sei Vorbild: Verhalte dich so, wie du es von deinen Mitarbeitern auch erwartest!

Lono

Lono steckt wie immer bis über die Mähne in dringenden und wichtigen Projekten. Zum Mittagessen hat er kaum Zeit. Darum holt er sich schnell einen Snack aus der Kantine. Doch außer seinem Gazellenburger bringt er nun auch noch einen diffusen Ärger mit zurück an den Schreibtisch. In der Kantine hat er doch tatsächlich seinen eigenen Assistenten Leopold gemeinsam mit der Marketingleiterin Katja Katze zu Mittag essen sehen. Und offenbar hatten sich die beiden viel zu sagen. Als Lono mit einem lauten „Mahlzeit!" und strengem Blick das Gespräch unterbrach, hatte er das ungute Gefühl, die beiden hätten gerade über ihn gesprochen. Ausgerechnet Katja Katze, die ihm sowieso schon das Leben schwer macht, weil die Marketingabteilung immer unzufrieden mit der Technik ist. Schnellere Grafikkarten und größere Bildschirme kosten eben recht viel Geld und auch Lono kann es nicht jedem recht machen. Dass ausgerechnet Leopold ihm nun so in den Rücken fällt, hätte er nicht gedacht. Lono beschließt, vorsichtiger zu sein und Leopold nicht mehr in alle seine Projekte einzuweihen.

Er hat noch nicht fertig gegessen, da klopft es an der Tür. Lars Lichtblick fragt, ob er heute etwas früher gehen könne, da seine Tochter bei einem Theaterstück mitspielt. „Noch so ein Problemfall", denkt sich Lono. Er hat Lars Lichtblick schon länger als Drückeberger im Verdacht. Nun ist Lono innerlich hin- und hergerissen. Einerseits möchte er sein Image als guter Chef behalten und würde gerne zeigen, wie großzügig er seinen Mitarbeitern gegenüber ist. Andererseits befürchtet er, dass Lars Lichtblick ihn nur noch mehr ausnutzen wird, wenn er wegen jeder Kleinigkeit sofort Sonderurlaub gewährt. „Na ja, ausnahmsweise will ich dann mal nicht so sein", sagt Lono schließlich und fügt mit leicht spöttischem Unterton hinzu: „Sie können die Fehlstunden ja am Samstag nachholen." Lars Lichtblick zieht mit einem knappen Kommentar ab. „Undankbar ist er auch noch", denkt sich Lono.

Seine Gedanken kreisen auch am Nachmittag noch um seine Mitarbeiter. „Der Löwe ist des Löwen Wolf", zitiert Lono in Gedanken den Philosophen Tomcat Hobbes und beschließt noch genauer zu kontrollieren, was seine Mitarbeiter tun. Da er morgens stets der erste im Büro ist und abends etwas länger bleibt, weist er seine Mitarbeiter an, sich bei ihm an- und abzumelden. „Das Leben ist kein Zebrahof", fügt er in Gedanken hinzu – auch er hat schließlich Familie und Kinder und er kann es sich schon lange nicht mehr erlauben, einfach so zu einem Theaterstück oder Konzert seiner Söhne zu gehen. Daran könnten sich seine Mitarbeiter ruhig ein Beispiel nehmen, findet Lono.

Kimba

Kimba arbeitet gerade intensiv an einigen wichtigen Projekten. Zum Mittagessen entschließt er sich, schnell einen Snack aus der Kantine zu holen und anschließend bei einem Spaziergang durch den naheliegenden Park tief durchzuatmen und Kraft für den Nachmittag zu tanken. In der Kantine sieht er seinen Assistenten Leandro gemeinsam mit dem Leiter der Finanzabteilung Bertram Bubo (einem Uhu) zu Mittag essen. Offenbar haben sich die beiden viel zu sagen. Kimba wünscht beiden einen guten Appetit und hat irgendwie das Gefühl, dass die beiden gerade auch über ihn gesprochen haben. „Das könnte ein gutes Zeichen sein", denkt sich Kimba, „vielleicht gibt es ja schon neue Informationen zu den anstehenden Budgetentscheidungen." Kimba nimmt sich vor, am Nachmittag mit Leandro noch einmal die Budgets zu besprechen und ihn nach dem Gespräch mit Herrn Bubo zu fragen. Aber jetzt genießt er erst einmal seinen Spaziergang und kommt erholt zurück in sein Büro.

Just, als er die Arbeit an einer wichtigen Projektplanung wieder aufnimmt, klopft es an der Tür. Hans Hakuna, zuständig für Marktanalysen, fragt, ob er heute etwas früher gehen könne, da seine Tochter bei einem Theaterstück mitspielt. „Das ist ja ein passender Zufall", denkt sich Kimba. In den letzten Tagen hatte er das Gefühl, dass Hans Hakuna nicht gerade durch besondere Motivation glänzt. Kimba sieht die Chance, mit Hans ins Gespräch zu kommen, ohne gleich einen offiziellen Anlass schaffen zu müssen. Er fragt nach, welche Aufgaben für Hans am Nachmittag anfallen und wer diese Aufgaben übernehmen könnte. Hans erklärt, dass er alle wesentlichen Punkte schon vorgearbeitet habe und dass seine Kollegen den Rest gut im Griff hätten. Im weiteren Gespräch fällt Kimba auf, dass Hans noch aus dem Vorjahr jede Menge Überstunden angesammelt hat. Das Gespräch entwickelt sich zu einem wertvollen Austausch über die Arbeitsbelastung der Analysten bei Tiger & Meyer. Zum Abschluss bedankt sich Kimba bei Hans für dessen offene Worte. Er trägt sich in seinen Kalender für die kommende Arbeitswoche das Ziel ein, die Situation von Hans Hakuna und den anderen Mitarbeitern seines Analyseteams deutlich zu verbessern. Er bittet Leandro, gleich für den kommenden Montag eine erste Besprechung mit diesem Team anzusetzen. Hans wünscht er viel Freude bei der Theatervorführung und bedankt sich bei ihm für die gute Vorarbeit.

Am Nachmittag kreisen Kimbas Gedanken weiter um seine Mitarbeiter. „Behandle den Löwen niemals bloß als Mittel, sondern immer auch als Zweck an sich selbst", erinnert sich Kimba an den oft unterschlagenen zweiten kategorischen Imperativ seines Lieblingsphilosophen Pumanuel Kant. Er beschließt, noch mehr darauf zu achten, eine positive Abteilungskultur zu schaffen, denn er weiß, dass Mitarbeiterzufriedenheit und Leistungsbereitschaft eng miteinander verbunden sind.

„Wie schön für Hans, dass er das Theaterstück seiner Tochter ansehen geht", findet Kimba und beschließt, dass auch er heute pünktlich Feierabend machen wird, um mit seinen Kindern noch ein wenig im Garten toben zu können.

4

Systemische Zusammenhänge – die eigene Position als Teil des Teams!

Lono

Die erste monatliche Managementbesprechung steht an. Lono ist etwas nervös und will sich möglichst gut vorbereiten. Er benötigt fast den gesamten Arbeitstag, um alle Zahlen, Daten und Fakten zusammenzustellen und überprüft auch die Nachkommastellen exakt. Am Vorabend der Besprechung ist er noch immer aufgeregt und wacht nach unruhigem Schlaf viel zu früh auf. Er trinkt am Morgen einen extra starken Kaffee, um sich für das wichtige Meeting zu pushen.

Kurz vor Beginn des Meetings ist Lono damit beschäftigt, seine Notizzettel zu sortieren. Seine Lionpoint-Präsentation hat er vorsichtshalber auf zwei verschiedenen USB-Sticks gespeichert. Er bemüht sich, souverän und entspannt zu wirken, lächelt aufmerksam in die Runde. Er weiß, dass er heute einen guten Eindruck hinterlassen muss, um seine Karrierechancen bei Tiger & Meyer weiter auszubauen.

Tina Tiger eröffnet die Besprechung mit einem Überblick über die Tagesordnung. Zwei Themen sind vor Lonos Vortrag eingeplant, zwei Themen folgen noch im Anschluss. „Ich komme also sicher erst in einer Stunde dran", denkt sich Lono, als er plötzlich seinen Namen hört. Er schaut auf und stellt fest, dass alle Teilnehmer ihn erwartungsvoll ansehen. Hilfesuchend schaut er zu Tina Tiger, die noch einmal wiederholt: „Wir begrüßen heute in unserer Runde den neuer IT-Leiter von Tiger & Meyer: Lono."

„Ja, äh, guten Morgen. Es freut mich, Sie kennenzulernen", stammelt Lono und spürt, wie er rot wird. Glücklicherweise wird gleich darauf noch Kimba der Führungsetage vorgestellt, als neuer „Leiter der strategischen Entwicklung". Anscheinend wurde Kimba vorher darüber informiert, dass eine kurze Vorstellung geplant war. Er wirkt jedenfalls recht sicher und vorbereitet.

Tina Tiger berichtet von einem Messebesuch des Top-Lion-Managements in Kenia. „Eines Tages werde ich auch bei solchen Reisen dabei sein", denkt sich Lono.

Als Nächstes berichtet Kimba von seinen strategischen Analysen. Als er die IT-Abteilung anspricht, wird Lono hellhörig. Es geht um eine bessere Abstimmung zwischen interner Softwareentwicklung und den Bedürfnissen der verschiedenen Abteilungen. „Das ist doch eigentlich mein Thema", denkt sich Lono. Als Kimba schließlich ein gemeinsames Meeting vorschlägt, sagt Lono vorsichtig zu. Schaden kann es ja nichts.

Nun ist endlich Lono an der Reihe. Seine Lionpoint-Präsentation startet, das Licht wird heruntergefahren. Er beginnt seine Zahlen und Daten zu präsentieren und erklärt die Zusammenhänge im Detail. Softwareentwicklung, Serverhosting, Front-Lion-Support, Hardwareoptimierung – Lono ist in seinem Element. Er berichtet von den einzelnen Projektschritten, ist stolz darauf „on time und in budget" zu sein. Als er schließlich fertig ist und das Licht wieder angeht schaut er in erschöpfte Gesichter. „Ich weiß, das war viel Information", sagt Lono, „aber es war mir besonders wichtig, Sie vollständig zu informieren." Einige Teilnehmer versuchen, ihn nun mit weiteren Fragen aufs Glatteis zu führen, aber Lono ist zu gut vorbereitet, um sich verunsichern zu lassen. „Wir haben das Budget voll ausgenutzt, aber nicht überschritten. Die Ausstattung ist noch gut in Schuss", wehrt er Katja Katzes Fragen zu neuer Hardware ab. Ihm war schon vor der Besprechung klar, dass Katja Katze aus dem Marketing sich die Chance auf diesen Seitenhieb nicht entgehen lassen würde.

Als das Meeting schließlich beendet ist, fühlt Lono sich großartig. Er hat es geschafft. Er hat in der wortwörtlichen „Höhle des Löwen" einen guten Eindruck gemacht und hat gezeigt, dass er zuverlässig und standhaft seine Aufgaben erfüllt.

Kimba

Die erste monatliche Management-Besprechung steht an. Kimba ist etwas nervös und will sich möglichst gut vorbereiten. Er benötigt fast den gesamten Arbeitstag, um mit seinen Mitarbeitern die wesentlichen Kernprojekte übersichtlich zusammenzustellen. Er spricht sich auch noch einmal mit den Analysten ab, um sicher zu sein, dass er auf dem neusten Stand ist. Inhaltlich fühlt sich Kimba gut vorbereitet, aber neben den reinen Sachthemen, zielt Kimba für die kommende Besprechung noch auf ein anderes Ergebnis ab. Von seinem Führungstraining ist ihm die Bedeutung des systemischen Führungsaspekts noch gut in Erinnerung. Er schaut sich darum noch einmal genau an, wer alles an der Besprechung teilnehmen wird und zeichnet ein informelles Organigramm. Damit verdeutlicht er sich, wer mit wem in welchen Projekten zu tun hat und welche Interessen und Allianzen aus seiner Sicht bestehen. Durch diese kurze Analyse wird ihm noch einmal bewusst, wie eng seine Position mit den anderen Abteilungen verbunden ist.

Am Vorabend der Besprechung geht er zuversichtlich ins Bett. „Ich bin bestens vorbereitet und werde den Tag gelassen auf mich zukommen lassen", denkt er beim Einschlafen. Trotzdem wacht er am nächsten Morgen fast eine Stunde früher als gewohnt auf und nutzt die Zeit für einen wohltuenden Morgenspaziergang. Dabei geht er in Gedanken noch einmal den roten Faden seines Berichts durch.

Kurz vor Beginn des Meetings sitzt Kimba im Besprechungsraum und tauscht freundliche Begrüßungen aus. Die Karteikarten mit dem roten Faden seines Vortrags hat er in seiner Jackettasche, die Ausdrucke mit den wichtigsten Kennzahlen und Grafiken liegen fertig vorbereitet vor ihm auf dem Tisch. Kimba schaut interessiert in die Runde. Er weiß, dass er heute aufmerksam beobachtet wird, schließlich ist es seine erste Managementbesprechung. Sein Ziel ist es, den neuen Kollegen der Chefetage deutlich zu machen, dass er eine klare Vorstellung seines Aufgabenfeldes hat und gleichzeitig offen ist für Input.

Tina Tiger eröffnet die Besprechung mit einem Überblick über die Tagesordnung. Ein Thema ist vor Kimbas Vortrag eingeplant, drei Themen folgen noch im Anschluss. „Gut", denkt sich Kimba. Als er gebeten wird, sich der Gruppe kurz vorzustellen, nutzt er das vorläufige Mission Statement, das er für seine Aufgabe erstellt hat: „Ich sehe meine Funktion als Schnittstelle zwischen der internen Optimierung und den externen Einflüssen, mit dem Ziel die maximale Wettbewerbsfähigkeit von Tiger & Meyer sicherzustellen. Mein Team und ich liefern wesentliche Informationen für strategische Entscheidungen und ermöglichen die Prozesse zur operativen Umsetzung." Kimba blickt in die Runde, zustimmende Gesichter sehen ihm entgegen.

Tina Tiger berichtet von einem Messebesuch des Top-Lion-Managements in Kenia. „Informationen zu den Messeneuheiten sammeln und mögliche Umsetzung bei Tiger & Meyer prüfen", notiert Kimba in sein Notizheft.

Nun ist Kimba selbst an der Reihe. Er fokussiert sich auf das Wesentliche und nutzt die Gelegenheit um die genauere Abstimmung mit den anderen Abteilungsleitern vorzubereiten. „Je besser wir Ihre Bedürfnisse kennen, umso besser können wir die Gesamtstrategie umsetzen und umso wertvoller können unsere strategischen Vorschläge für Tiger & Meyer sein", teilt er seinen Kollegen mit. Die meisten seiner Kollegen reagieren offen und positiv auf seine Vorschläge, nur Lono, der neue Leiter der IT-Abteilung scheint etwas reserviert zu sein. Kimba vertraut auf eine konstruktive Klärung im Einzelgespräch. Die Fragen des Top-Lion-Managements und der weiteren Abteilungsleiter beantwortet Kimba soweit es möglich ist und macht sich Notizen, wenn er die Antwort später nachreichen wird.

Nachdem Kimba seinen Vortrag beendet hat, wird der Raum verdunkelt und es folgt eine detailreiche Präsentation des Leiters der IT-Abteilung.

Als das Meeting schließlich beendet ist, fühlt Kimba sich gut. Der erste Schritt zu einer konstruktiven Zusammenarbeit mit seinen Kollegen ist gemacht, das Top-Lion-Management ist informiert und er konnte wesentliche Projektschritte für die weitere Arbeit mit seinem Team klären.

5

Wähle kompetente Mitarbeiter aus – und helfe ihnen, ihr Bestes zu geben!

Lono

Lono hat sich weichklopfen lassen. Seine Mitarbeiter, allen voran sein Assistent Leopold und sein Hardwaresupporter Lars Lichtblick, liegen ihm seit Tagen in den Ohren. Lono muss zugeben, dass sie nicht ganz Unrecht mit ihren Anliegen haben: Die Arbeitsbelastung ist deutlich gestiegen, seit die zentrale IT-Abteilung auch den Support und die Softwarepflege bei den übrigen Standorten in Löwenland leisten muss.

Lono entscheidet sich, einen neuen Mitarbeiter einzustellen. Da alle seine anderen Mitarbeiter schon ihre festgefahrenen Routinen und Denkweisen haben, hofft Lono, dass er den neuen Mitarbeiter dann auch ganz nach seinen Wünschen formen kann. „Der wird den anderen dann schon zeigen, was Produktivität ist", denkt Lono.

Er erinnert sich daran, dass sein alter Studienfreund Willy Wolf ihm vor einigen Monaten geschrieben hat, dass sein Arbeitgeber ihn wegrationalisiert habe und er darum gerade auf Jobsuche sei. „Dem könnte ich eine Chance geben. Ich bin schließlich kein Un-Löwe", entscheidet Lono und ruft Willy gleich am nächsten Tag an. Tatsächlich ist Willy noch verfügbar. Nach dem Einstellungsgespräch gehen die beiden noch ausführlich essen und landen anschließend im „Wasserloch", einer Bar, die sie noch aus Studentenzeiten kennen. Dort erzählen sie von alten Zeiten und schwelgen in Erinnerungen.

Wenige Wochen später sind alle Formalitäten geregelt. Nun hat Willy auch schon alle Pfoten voll zu tun und arbeitet sich in den Hardwaresupport ein. Lono wundert sich, als eines Morgens, kurz nach Arbeitsbeginn, sein privates Handy klingelt. „Lono, es kann heute bei mir etwas später werden", sagt Willy am anderen Ende der Leitung, „ich muss noch kurz etwas erledigen." Lono spürt, dass ihn die Selbstverständlichkeit stört, mit der Willy sich diese Freiheit herausnimmt, will aber keinen Streit mit ihm anfangen. „Ja, okay, kein Problem", antwortet er, „du kannst ja heute Abend etwas länger machen." Just in dem Moment klopft Lars Lichtblick an Lonos Bürotür. „Ich suche Willy, er wollte heute früh die Verkabelung in Trakt C überprüfen", sagt er. „Ich habe Willy heute früh aus einem wichtigen Grund zwei Stunden frei gegeben", antwortet Lono und merkt, dass es ihn ärgert, sich nun auch noch vor Lars rechtfertigen zu müssen. Als kurz darauf auch noch eine Lion-Mail von Tina Tiger bei ihm eingeht, die ungeduldig nachfragt, wann denn nun ihr neuer Monitor endlich angeschlossen werde, entschließt Lono, ein ernstes Gespräch mit Willy zu führen, der offenbar auch diese Aufgabe nicht zu Ende gebracht hat. Er ruft seinen Freund an und fragt, wann er denn nun endlich zur Arbeit komme.

Zehn Minuten später steht Willy freudestrahlend in Lonos Büro. „Und? Alles klar, alter Freund? Jetzt rate mal, wo ich heute Morgen war? An der Vorverkaufsstelle des FC Lion-Löwenhausen! Und rate mal, was ich nach drei Stunden Schlange stehen für uns ergattert habe? Karten für das Liga-Endspiel gegen die Pumas von den schwarz-rot Wildcats! Hat mich ein kleines Vermögen gekostet, aber ich wollte mich unbedingt bei dir für den neuen Job bedanken!"

„Oh … wow … super", stammelt Lono. Er weiß nun wirklich nicht, was er darauf sagen soll. Für das ernste Gespräch, das er eigentlich führen wollte, ist wohl jetzt nicht der beste Moment. „Danke", fügt er noch hinzu.

Kimba

Nach seiner Besprechung mit Hans Hakuna und den übrigen Analysten wird Kimba klar, dass die Arbeitsbelastung pro Mitarbeiter zu hoch ist. Auch die sehr effektive Arbeitsweise und hohe Zeitintelligenz seines Teams ändert daran nichts. Die Arbeitsbelastung ist deutlich gestiegen, seit Kimbas Abteilung auch die Analysen für die regionalen Standorte in Löwenland leisten muss. Kimba wird klar, dass sein Team Verstärkung braucht. Er erinnert sich daran, dass ein alter Studienfreund, Linus Luchs, ihm vor einigen Monaten geschrieben hat, dass sein Arbeitgeber ihn weg-rationalisiert habe und er darum gerade auf Jobsuche sei. „Der könnte vielleicht geeignet sein", denkt sich Kimba, schreibt die Stelle aber auch über ein Expertenportal aus und leitet über die zentrale Lioning-Abteilung den bewährten Rekrutierungsprozess ein.

Gemeinsam mit seinem Assistenten Leandro definiert Kimba die Auswahlkriterien für den neuen Mitarbeiter. Neben einer guten Ausbildung ist vor allem ausreichend Praxiserfahrung im Sektor wichtig. „Ohne diese Erfahrung braucht es sonst mindestens zehn Monate Einarbeitungszeit, die zusätzliche Ressourcen verschlingt", erklärt Leandro.

Unter den 20 Bewerbungen, die nach zwei Wochen auf Kimbas Schreibtisch liegen, finden sich auch die Unterlagen seines Studienfreundes Linus Luchs. Als Kimba seine Checkliste durchgeht, stellt er fest, dass Linus leider nicht die nötige Praxiserfahrung für den Posten hat. Er ruft ihn an und erklärt ihm die Situation. Während des Telefonats kann Kimba Linus einige weitere Empfehlungen für seine Stellensuche geben und verspricht, die Ohren nach weiteren Stellenangeboten offen zu halten.

Von den übrigen Bewerbern sind vier tatsächlich sehr gut für den Posten geeignet. Bei den Vorstellungsgesprächen sind neben Kimba auch Leandro und ein Mitarbeiter der Lioning-Abteilung eingebunden. Am Ende fällt die Wahl auf Bob Cat, einen löwenglischen Bewerber, der in Löwenland studiert hat und bereits 15 Jahre Berufserfahrung in Liondon vorweisen kann.

Wenige Wochen später sind alle Formalitäten geregelt. Kimba hat mit Leandro einen Einarbeitungsplan in drei Phasen aufgestellt, nach dem Bob zuerst die Aufgabenfelder, Mitarbeiter und Ansprechpartner kennenlernen soll, anschließend wird er für mehrere Wochen den Analysten bei ihrer täglichen Arbeit unterstützend helfen und nach spätestens zwei Monaten soll Bob dann eigenständige Projekte leiten. Eines Morgens, kurz nach Arbeitsbeginn, klingelt Kimbas Firmen-Liphone. „Kimba, es tut mir leid, aber heute früh werde ich ca. 30 min. später kommen", sagt Bob am anderen Ende der Leitung, „es ist etwas Dringendes dazwischen gekommen." Kimba spürt, dass ihn die Art und Weise stört, wie Bob sich diese Freiheit herausnimmt, und nimmt sich vor, ihn später darauf anzusprechen. „Okay", antwortet er, „lass uns gleich, wenn du ankommst, kurz darüber sprechen." Just in dem Moment klopft Hans Hakuna an Kimbas Bürotür. „Ich suche Bob, er wollte bis heute früh eine wichtige Tabelle überprüft haben", sagt er. „Bob hat gerade angerufen und mitgeteilt, dass er ca. 30 min. später kommen wird", antwortet Kimba wahrheitsgemäß. Hans' fragenden Blick ignoriert Kimba und bittet ihn, zunächst ohne Bob weiterzuarbeiten.

Zehn Minuten später steht Bob in Kimbas Büro. „Es tut mir wirklich sehr leid", sagt Bob. „Meine Tochter hatte die ganze Nacht über Fieber und so musste ich sie heute früh statt in den Kindergarten zur Oma bringen, da meine Frau auf Geschäftsreise ist." Kimba hat Verständnis für die Entschuldigung und erkennt, dass es tatsächlich eine Ausnahme war. Er bespricht mit Bob aber auch, dass er in einem solchen Fall besser auch direkt Hans Hakuna per Lion-Mail informieren sollte, um mögliche Engpässe mit ihm abzustimmen. Es entwickelt sich ein konstruktives Gespräch, in dem Bob noch einmal sein vollstes Commitment für den neuen Job deutlich macht. Im Anschluss hat Kimba den Eindruck, in Bob einen wertvollen Mitarbeiter mit gutem Entwicklungspotenzial gewonnen zu haben.

6

Definiere klare Ziele, die sachlich und emotional überzeugen!

Lono

Lono hat seine Mitarbeiter zur Besprechung gebeten. Es gibt einige Punkte, die ihn stören und die er gerne klären möchte. In den letzten Wochen sind häufiger Probleme aufgetreten und Lono hat oft noch nach Feierabend für eine Lösung sorgen müssen.

Als alle seine Mitarbeiter im Besprechungsraum versammelt sind, beginnt Lono mit seiner Ansprache. „Irgendwie ist in letzter Zeit der Wurm drin", beginnt er. „Es muss euch doch klar sein, dass wir beste Qualität mit unserer Arbeit liefern müssen, sonst läuft hier bald gar nichts mehr rund. Wir können es uns nicht leisten, nur halbherzig an die Arbeit zu gehen. Hier muss jetzt unbedingt mal endlich ein frischer Wind wehen, damit wir auch die Leistung bringen, die andere und vor allem wir selbst von uns erwarten." Lono spürt, dass ihn seine Worte selbst motivieren und er fährt fort: „Ihr wisst doch auch, dass wir ein super Team sind und jede Herausforderung in den Griff bekommen!" Die Mitarbeiter reagieren zögernd. Lono ist frustriert, weil der Funke wohl nicht wirklich übergesprungen ist. „Was denkt ihr denn dazu?", fragt Lono in die Runde.

„Na ja, es stimmt schon", meldet sich Lars Lichtblick zu Wort. „Wir sind ein gutes Team und in letzter Zeit ist es immer wieder zu Problemen gekommen. Aber es sind oft Kleinigkeiten, die zu Problemen und Unzufriedenheit führen. Ich bekomme immer häufiger mit, dass die neue Software per Maus nur sehr schwer zu bedienen ist und dass sich einige Mitarbeiter darum Touchpads wünschen."

Lonos Nackenhaare sträuben sich. Er hat zu dem Thema schon mehrmals ein Machtwort gesprochen und damit sollten die ewigen Extrawünsche mancher Mitarbeiter doch endlich vom Tisch sein „Hört mir denn hier keiner zu?", fragt Lono und sein Ärger ist ihm deutlich anzumerken. „Wir haben deutlich wichtigere Probleme zu lösen. Wir sind doch nicht der Weihnachtslöwe, der einfach nur Geschenke verteilt."

„Aber ich finde schon, dass es ein wichtiges Problem ist, wenn die Mitarbeiter sich nun schon so lange darüber beschweren", mischt sich nun auch noch Leopold in das Gespräch ein. „Ich habe schon öfter mit Katja Katze vom Marketing darüber gesprochen und Touchpads wären gerade für die Kreativen eine echte

Entlastung." Lono ist von Leopold schwer enttäuscht, statt zu ihm zu halten, stellt er sich nun vor versammelter Mannschaft gegen ihn. Dabei spürt Lono genau, dass das ganze Thema doch nur ein Machtspiel von Katja Katze ist, die hier mit ihrem Kopf durch die Wand will und Lonos Entscheidung einfach nicht akzeptieren kann.

Lono reißt sich jedoch zusammen und erklärt: „Es ist ja gut, dass ihr euch auch um die Details kümmert. Die Entscheidung liegt letztendlich bei mir und das müssen alle Beteiligten akzeptieren, auch eine Katja Katze kann nicht immer ihren Willen durchsetzen. Ich verlange von euch ganz einfach, dass ihr ein bisschen mehr über den Fressnapfrand hinaus schaut und logisch mitdenkt. Das ist doch sicher nicht zu viel erwartet."

Damit ist die Besprechung beendet. Lono wendet sich seiner To-Do-Liste zu, die von alleine auch nicht kürzer wird.

Leopold und Lars gehen gemeinsam zu ihren Büros zurück. „Irgendwie hat er ja schon Recht", gibt Lars zu bedenken. „Ich kann verstehen, dass es ärgerlich ist, wenn man so viel Verantwortung hat und dann immer wieder solche Kleinigkeiten dazwischen kommen." Leopold sieht ihn fragend an. „Ja, schon", gibt er zu bedenken, „aber findest du nicht auch, dass Lono die Bedürfnisse der anderen Abteilungen etwas ernster nehmen könnte? Wir haben konkrete Probleme zu lösen und brauchen Antworten zu ganz klaren Fragen. Da hilft es mir nichts, etwas von frischem Wind zu hören."

„Klar, da hast du Recht", gibt Lars zurück. „Vielleicht kannst du als sein Assistent nochmal eine ausführliche Liste aufstellen und mit Lono durchgehen?"

Leopold verspricht, genau dies zu tun und hofft, dass Lono sich die Zeit für ein Gespräch nehmen wird.

Kimba

Kimba hat seine Mitarbeiter zur Besprechung gebeten. Es gibt einige Punkte, die ihm aufgefallen sind und die er gerne klären möchte. In den letzten Wochen sind häufiger Probleme aufgetreten und Kimba hat oft noch nach Feierabend für eine Lösung sorgen müssen.

Als alle seine Mitarbeiter im Besprechungsraum versammelt sind, beginnt Kimba das Meeting: „Danke, dass ihr euch die Zeit genommen habt. Aus meiner Sicht gibt es zwei aktuelle Probleme, für die wir in den nächsten 30 min. einen klaren Lösungsansatz entwickeln sollten. Erstens scheint unklar zu sein, welche Daten für die Produktionsabteilung Priorität haben. Ich wurde in der letzten Woche sowohl vom Abteilungsleiter der Produktion als auch von dir", Kimba wendet sich an Hans Hakuna, „angesprochen, dass die Daten zu Materialverbrauch und Verschleiß Abweichungen aufweisen. Zweitens habe ich in der letzten Woche eine Lion-Mail von Herrn Bubo aus der Finanzabteilung erhalten, dass unsere Recherchekosten über dem Budget liegen." Kimba versucht zunächst die Situation möglichst konkret wiederzugeben. Im Führungskräftetraining ist ihm bewusst geworden, wie wichtig es ist, eine Situation möglichst genau an Hand konkreter Beobachtungen zu beschreiben, damit keine Missverständnisse entstehen oder vorschnelle Schlüsse gezogen werden.

„Ich schlage vor, dass wir zum Thema der Produktionsdaten zunächst genauer erfahren, worum es geht." Kimba bittet Hans um eine klare Darstellung und gemeinsam mit den anderen Mitarbeitern werden zwei Vorschläge ausgearbeitet, die Kimba mit seinem Kollegen aus der Produktionsabteilung besprechen wird.

Beim zweiten Thema, der Budgetüberschreitung, sind auch Kimbas Mitarbeiter ratlos, denn sie haben nicht mehr und nicht weniger kostenpflichtige Recherchen getätigt als zuvor. „Hat irgendjemand eine Idee, was sonst der Grund für die Lion-Mail von Herrn Bubo sein könnte?", fragt Kimba in die Runde. „Nun ja", meldet sich Leandro zu Wort, „ich habe neulich mit Bertram Bubo zu Mittag gegessen, denn wie ihr wisst, sind mein Vater und Herr Bubo befreundet. Er hat da so eine Andeutung über mögliche Kürzungen gemacht." Jetzt fällt Kimba wieder ein, dass er Leandro und Herrn Bubo ja beim Essen gesehen hatte und doch mit Leandro noch darüber sprechen wollte. Er bedankt sich jetzt erst einmal bei allen Teilnehmern für das produktive Meeting und bittet Leandro noch um ein kurzes Gespräch, in dem Leandro erklärt, dass er keine weiteren Informationen von Herrn Bubo erhalten hat. Also beschließt Kimba, direkt mit Bertram Bubo zu sprechen, erreicht ihn aber nicht und erfährt von einem Mitarbeiter der Abteilung, dass das Recherchebudget tatsächlich um 10 % gekürzt wurde. Der Beschluss hierzu war schon von Kimbas Vorgänger abgesegnet worden.

Nach dem Gespräch hat Kimba das Gefühl, dass er einen besseren Überblick braucht. Er bittet seinen Assistenten Leandro zu prüfen, ob ihre Abteilung für strategische Entwicklung noch von anderen Management-Beschlüssen betroffen ist. Anschließend geht Kimba die einzelnen Aufgabenbereiche seiner Mitarbeiter durch und prüft, ob für jeden einzelnen klare Umsetzungsziele vereinbart wurden. „Gerade wir, in der Strategieabteilung sollten vorbildlich sein", denkt sich Kimba. Ihm ist bewusst, dass große Entscheidungen und strategische Ziele nur dann erfolgreich umgesetzt werden können, wenn sie in kaskadierende Ziele übersetzt werden. Das heißt, wenn aus einem Konzernziel ein Abteilungsziel abgeleitet werden kann und daraus konkrete Arbeitsziele für die einzelnen Mitarbeiter definiert werden. Kimba stellt fest, dass es tatsächlich noch einigen Klärungsbedarf gibt und er setzt für die kommende Woche eine erste Runde an Zielvereinbarungsgesprächen mit seinen Mitarbeitern an. Aber auch mit Bertram Bubo möchte Kimba noch einmal persönlich sprechen, denn Kimba hätte sich gewünscht, auch persönlich über die Kürzung informiert zu werden.

7

Gut gebrüllt, Löwe! Kommuniziere klar auf Sach- und Beziehungsebene!

Lono

Lono ist stinksauer. Gerade ist er an der Marketingabteilung vorbeigegangen und hat gesehen, wie eine komplette Lieferung nagelneuer Touchpads ausgepackt wurde. Wutschnaubend steht er in Leopolds Büro und macht seinem Ärger Luft. „Wer hat denn diese Bestellung autorisiert?", fragt er halb brüllend. „Das wird noch ein Nachspiel haben! Ich habe doch mehr als deutlich gemacht, dass ich gegen diese Umstellung bin, und schließlich bin ich Chef dieser Abteilung." Sein Liphone piept und macht ihn auf eine neue Nachricht von Tina Tiger aufmerksam. Die oberste Chefin und Mitbegründerin von Tiger & Meyer schreibt ihm sonst nur selten. Lono liest: „Sehr geehrter Lono, nach einem ausführlichen Gespräch mit Katja Katze habe ich noch gestern Abend eine Eilbestellung der benötigten Touchpads angeordnet. Ich bitte dich heute um 14 Uhr zu einer gemeinsamen Besprechung mit Katja Katze in mein Büro."

Lono bleibt die Luft weg. Katja Katze, die Leiterin der Marketingabteilung, hat schon oft versucht, seine Mitarbeiter zu manipulieren, aber jetzt ist sie zu weit gegangen. Ihn einfach zu hintergehen und seine Autorität zu untergraben, ist ein absolutes Unding! Und von Tina Tiger hätte sich Lono zumindest erwartet, dass sie nicht einfach über seinen Kopf hinweg entscheidet, ohne ihn auch nur zu fragen. Natürlich ist sie die Chefin, aber ihm so in den Rücken zu fallen ist einfach schlechter Stil, findet Lono.

Den verbleibenden Vormittag über ist Lono nervös und dünnfellig. Er erwischt sich sogar dabei, an den Krallen zu kauen, obwohl er diese leidige Gewohnheit schon vor Jahren abgelegt hatte.

Er bereitet sich auf das Gespräch vor, indem er alle Argumente gegen den Einsatz der Touchpads notiert und die Kosten hochrechnet, die entstehen würden, wenn man auch allen anderen technischen Wünschen der Mitarbeiter nachgeben würde. Er ist so vertieft in seine Sachargumente, dass er gar nicht wahrnimmt, was ihn eigentlich an der Situation stört. Zwar hat er in seinem Führungsseminar gehört, dass die Beziehungsebene die Kommunikation auf der Sachebene bestimmt, allerdings ist ihm nicht wirklich klar geworden, was das bedeuten soll.

Das Gespräch mit Tina und Katja beginnt mit einer deutlich spürbaren Anspannung im Raum. Tina erklärt, dass sie die Eilbestellung vor allem deswegen genehmigt habe, weil sie von Katja darüber informiert worden sei, dass mehrere der Werbedesigner extrem frustriert über ihr Arbeitswerkzeug seien, und sie mit dieser Nachricht bei Lono immer nur auf Ablehnung gestoßen sei.

„Das ist ja auch Quatsch", entfährt es Lono. „Die wollen einfach nur die neuesten Gadgets aus Lamerika und sind sowieso nie zufrieden." Lono fühlt sich emotional enttäuscht, versucht aber immer wieder auf der Sachebene zu argumentieren. Er wird ständig von Katja unterbrochen, nur um sie dann seinerseits wieder zu unterbrechen. „Immerhin bin ich hier der Technikexperte!", brüllt er.

„Ich merke, dass wir so nicht weiterkommen", unterbricht Tina Tiger den Schlagabtausch. „Bevor wir diese Diskussion fortsetzen, möchte ich ein paar klare Gesprächsregeln festlegen." Tina gibt Katja ihren Briefbeschwerer (das schön geschwungene Horn einer Gazelle) in die Pfote. „So lange Katja das Horn in der Hand hält, darf sie ununterbrochen sprechen und du Lono, wirst ihr dabei aufmerksam zuhören. Erst wenn Katja dir das Horn übergibt, darfst du sprechen und zwar auch ohne dabei unterbrochen zu werden." Tina blickt auch Katja mahnend an.

Auch wenn Lono das Ganze ein wenig an Kindergartenmanieren erinnert, traut er sich nicht, zu widersprechen. Katja Katze hat wirklich eine Menge zu sagen, findet Lono, aber je mehr er ihr zuhört, umso aufmerksamer wird er. „Ich habe mich sehr geärgert", spricht Katja ihren Frust aus, „dass Lono mich einfach immer hat abblitzen lassen, ohne sich die Argumente wirklich anzuhören. Dabei weiß ich von anderen Kollegen, dass Lono ein wirklich fähiger Techniker ist." Lono muss zugeben, dass er tatsächlich nie nach den Hintergründen gefragt hat. Er spürt, dass er sich wohl tatsächlich etwas schroff und abweisend verhalten hat. Als er endlich das Rederecht erhält, schweigt er zunächst eine Weile und fühlt in sich hinein. „Ich muss zugeben, dass ich das Problem nicht ernst genommen habe. Das tut mir leid", sagt er und fährt fort: „Aber ich ärgere mich auch, denn man hätte mir ja auch erst einmal die Situation genauer erklären können, anstatt mich einfach nur als Bestellzentrum für technisches Gerät anzusehen." Lono spürt, dass es ihm gut tut, das alles einfach einmal in Ruhe aussprechen zu können. Das Gazellenhorn wechselt noch mehrmals zwischen Katja und Lono hin und her und mit jedem Male spürt Lono eine größere Erleichterung. Sogar einen Anflug von Sympathie für Katja empfindet Lono und bemerkt ein leichtes inneres Lächeln. „Okay", sagt er schließlich mit selbstironischem Witz in der Stimme, „ich verspreche, in Zukunft auch dann zuzuhören, wenn die kreative Abteilung mal wieder ein Extra-Gnu gebraten haben möchte." Sein Scherz ist offenbar auch von Katja richtig verstanden worden, die ihn kopfnickend anlächelt.

Nach dem Gespräch nimmt Tina Tiger Lono zur Seite: „Ich hoffe, du hast heute eine wichtige Lektion gelernt", sagt sie zu Lono. „Niemand interessiert sich für das, was du weißt, bevor er nicht weiß, dass du dich für ihn interessierst." Lono denkt noch lange über diesen Satz nach, den er vor Jahren auch schon einmal in einem Buch von Stephen Covlöwey gelesen hat.

Kimba

Kimba ist stinksauer. Gerade hat er die neuen Budgetpläne aus der Finanzabteilung erhalten und schon wieder soll an den Recherchekosten gespart werden. „,Gerade jetzt', wo doch erst vor wenigen Wochen bereits eine Kürzung in Kraft getreten ist." Kimba fragt sich, wohin das noch führen soll. Leider hat er es bisher nicht geschafft, mit Bertram Bubo, dem Leiter der Finanzabteilung über das Budget zu sprechen. Das hatte er sich zwar nach der letzten Teambesprechung vorgenommen, allerdings noch keinen passenden Termin gefunden. „Jetzt wird es aber höchste Zeit!", denkt er sich und greift zu seinem Liphone. Diesmal hat er Glück, Bertram Bubo nimmt selbst ab. „Ich möchte gerne schnellstmöglich mit dir über die neuen Budgetvorschläge sprechen", sagt Kimba. „Ich muss zugeben, dass ich darüber etwas irritiert bin", fügt er so sachlich wie möglich hinzu. Bertram will Kimba zwar auf die kommende Woche vertrösten, aber Kimba besteht darauf, noch heute zumindest ein vorbereitendes Gespräch zu führen. Sein Kollege willigt schließlich ein und sie vereinbaren ein Treffen für 14 Uhr am selben Tag.

Den verbleibenden Vormittag über kreisen Kimbas Gedanken immer wieder um das Thema der Budgetkürzungen. Es fällt ihm schwer, sich auf ein anderes Thema zu konzentrieren. „Warum wurde ich zu diesem Thema nicht gefragt oder vorab informiert?", fragt er sich und spürt wieder einen diffusen Ärger in sich aufsteigen. Es kränkt ihn, dass er einfach übergangen wurde.

Kimba beschließt, sich ordentlich auf das Gespräch vorzubereiten. Er notiert alle Sachargumente, die gegen eine Budgetkürzung sprechen und schreibt sich auch Stichpunkte zu einer, aus seiner Sicht, besseren Kommunikation auf. Er erhofft sich dadurch die Möglichkeit einer zumindest zukünftig stärkeren Mitsprache, wenn es um Budgetfragen seine Abteilung betreffend geht. Während er dort sitzt und seine Gedanken ordnet, fühlt er wieder diesen diffusen Ärger in seinem Bauch aufsteigen. Er erinnert sich an den Kommunikationsteil seines Führungskräftetrainings. Die Axiome des Kommunikationsforschers Paul Watzlöwick kommen ihm in den Sinn. Der erste Grundsatz lautete: „Man kann nicht nicht kommunizieren." Inzwischen versteht

Kimba sehr gut, was darunter zu verstehen ist. Aber es ist der zweite Grundsatz, auf den er sich für das anstehende Gespräch konzentriert. Soweit sich Kimba erinnert, lautet dieser nämlich: „Jede Kommunikation hat eine Sachebene und eine Beziehungsebene." Und Kimba ist sich sicher, dass eine Klärung mit Bertram Bubo zuerst auf der Beziehungsebene stattfinden muss, damit auf der Sachebene tatsächlich auf Augenhöhe gesprochen werden kann. Auch Kimba hat Stephen Covlöwey gelesen und erinnert sich an dessen Empfehlung: „Erst verstehen – dann verstanden werden." Er entschließt sich, zunächst einmal ganz ausführlich zuzuhören, was Bertram Bubo zu dem Thema zu sagen hat und erst dann zu sprechen, wenn er spürt, dass Bertram nichts mehr hinzufügen will.

Als das Gespräch beginnt, spürt Kimba noch immer eine deutliche Anspannung in sich. Er hört zunächst wie geplant zu, als Bubo erklärt: „Tiger & Meyer ist ein Traditionsbetrieb und die Budgets für all diese Recherchen haben wir vor ein paar Jahren testweise eingerichtet, mit dem Vorsatz, sie dann auch wieder zurückzufahren. Die ganze Diskussion dazu ist schon lange vor deiner Zeit als Abteilungsleiter beendet worden. Ich persönlich habe sowieso nie verstanden, warum so hochbezahlte Mitarbeiter wie die strategischen Analysten noch obendrein so viel Geld für professionelle Recherchedienste ausgeben – sollen sie doch selbst recherchieren." Kimba beginnt zu ahnen, was Bertram antreibt. Als dieser ausgeredet hat und Kimba sich sicher ist, dass er nun das Wort ergreifen kann, spricht er seinen Verdacht direkt an. „Kann es sein, dass es dich stört, wenn größere Summen ausgegeben werden, ohne dass du den Nutzen dahinter kennst?", fragt er. „Das ginge mir sicher auch so", fährt er fort. „Darum möchte ich dich gerne einmal zu einer unserer Analysebesprechungen einladen, bevor wir weiter über das Budget diskutieren. Ich bin sicher, dass wir im Anschluss daran deutlich mehr Informationen darüber haben, welche Maßnahmen tatsächlich keinen Nutzen haben und welche unbedingt für die Wettbewerbsfähigkeit von Tiger & Meyer notwendig sind."

„Ich muss zugeben", gesteht Bertram Bubo ein, „bisher haben wir wenig miteinander zu tun gehabt und ich habe dich bisher, verzeih mir meine Direktheit, für einen etwas zu ehrgeizigen Karrierelöwen gehalten. Zu jung und zu unerfahren. Allerdings muss ich zugeben, dass mein Eindruck vielleicht doch zu voreilig war. Ich nehme dein Angebot an und nehme an der nächsten Analysebesprechung teil. Ich finde aber noch immer, dass du erstaunlich jung für deinen Posten bist", fügt er augenzwinkernd hinzu. Kimba spürt die Erleichterung in sich aufsteigen. „Humor ist immer eine gute Brücke", denkt er sich.

8

Chemie und Tatzenspitzengefühl sind die beste Basis für gemeinsamen Erfolg!

Lono

Die turnusmäßigen Jahresgespräche stehen an. Als Lono klar wird, dass er mit zehn Mitarbeitern jeweils 45 min sprechen soll, plus Vor- und Nachbereitungszeit, wird er leicht nervös. Er hatte sich eigentlich noch genügend andere Aufgaben für die Woche vorgenommen und nun hofft er, dass das ein oder andere Gespräch vielleicht etwas kürzer ausfallen wird. Zur Vorbereitung der Gespräche schaut sich Lono noch einmal die Dienstpläne der letzten Monate an und denkt darüber nach, welche positiven und negativen Erinnerungen er mit den einzelnen Mitarbeitern verknüpft. Zu jedem Mitarbeiter notiert er sich in einer Liste die jeweils positiven und negativen Bemerkungen. Ein bisschen fühlt er sich dabei wie Nikolöw aus dem Kindermärchen, der in einem goldenen und einem schwarzen Buch die Namen der guten und der bösen Löwenjungen aufschrieb und ihnen dann entweder frisches Fleisch oder Steine in seinem Sack mitbrachte.

Als erstes Halbjahresgespräch steht die Besprechung mit seinem Assistenten Leopold an. „Und? Wie lief es im letzten Jahr?", eröffnet Lono das Gespräch. „Na ja", antwortet Leopold, „im Großen und Ganzen gut, finde ich. Obwohl es viele Veränderungen gegeben hat." Leopold lehnt sich in seinem Stuhl zurück, aber Lono ist neugierig geworden. Er lehnt sich nach vorne und fragt: „Welche Veränderungen meinst du?" Leopold rutscht auf seinem Stuhl hin und her, setzt sich etwas seitlich, während Lono sich noch weiter nach vorne lehnt und auf eine Antwort wartet. „Also", beginnt Leopold, „es ist so, dass mir durch die vielen Projekte und auch die personellen Veränderungen in unserer Abteilung immer unklarer wird, wie sich meine eigene Karriere weiter entwickeln soll." Lono hat nicht damit gerechnet, dass der Einstieg in das erste Gespräch gleich mit einem so bedeutsamen Thema beginnt. Er fühlt sich kurz überfordert, erinnert sich jedoch sehr schnell an ein Rollenspiel, das er im Führungskräftetraining gemacht hat. Dort sollte er sein Gegenüber in Gestik, Mimik und Wortwahl spiegeln, um die Gesprächsatmosphäre zu verbessern und sich besser in seinen Gesprächspartner hineinversetzen zu können. Der Trainer hatte damals erklärt, dass Löwen sich im Allgemeinen psychologisch sicherer und besser verstanden fühlen, wenn sie sich einander gleichen. Das könne man zum Beispiel schon in den Straßencafés beobachten, wenn frisch Verliebte gleichzeitig nach ihren Getränken greifen oder wenn gute Freunde fast im gleichen Moment die gleiche Idee haben. „Gleichheit erzeugt Sympathie und Vertrauen", waren die Worte des Trainers gewesen, „und durch eine ähnliche Wortwahl können wir auch das gegenseitige Verständnis deutlich steigern."

Also lehnt sich nun auch Lono zurück und dreht sich leicht seitlich. Er achtet nun sehr viel genauer auf Leopolds Körpersprache und stellt fest, dass Leopold nervös mit dem Fuß wippt. Lono wiederholt Leopolds letzte Worte: „Dir ist also unklar, wie sich deine eigene Karriere weiter entwickeln soll?"

„Ja, ganz genau! Ich habe schon darüber nachgedacht", öffnet sich Leopold nun, „ein Fernstudium zu beginnen oder mich vielleicht für ein Auslandsjahr bei einer unserer Zweigstellen in Lamerika oder Lasien zu bewerben."

Lono gefällt das gar nicht. Trotz aller anfänglichen Probleme, die er mit Leopold hatte, wüsste er nicht, wie er sein Arbeitspensum ohne seine rechte Tatze bewältigen sollte. Einen neuen Assistenten einzuarbeiten, würde enorm viel Zeit und Geduld in Anspruch nehmen und von beidem hat Lono wenig, wie er vor sich selbst zugeben muss.

Lono versucht nun, das Spiegeln zu intensivieren, denn soweit er es noch in Erinnerung hat, steigert er dadurch die Chance, Leopold zu beeinflussen. „Ja, ich verstehe dich", sagt er, „aber sieh einmal hier." Und mit diesen Worten dreht er sich wieder Richtung Schreibtisch und zeigt auf ein leeres Blatt Papier. Tatsächlich wendet sich auch Leopold seinem Gegenüber zu. Lono beginnt nun mit der Überzeugungsarbeit. Er erklärt Leopold, dass er gerade in seiner aktuellen Position noch viel dazulernen kann, und dass Lono ihm zum Beispiel auch noch weitere Verantwortungsbereiche übertragen könnte. Leopold scheint zwar nicht ganz überzeugt zu sein, aber immerhin willigt er ein, wenigstens noch das nächste halbe Jahr abzuwarten und zu sehen, ob seine Situation sich bis dahin nicht deutlich verbessert hat, wie Lono es ihm verspricht.

Kimba

Die turnusmäßigen Jahresgespräche stehen an. Als Kimba klar wird, dass er mit zehn Mitarbeitern jeweils 45 min sprechen soll, plus Vor- und Nachbereitungszeit, wird er leicht nervös. Er hatte sich eigentlich noch genügend andere Aufgaben für die Woche vorgenommen. Er ärgert sich kurz darüber, dass er die Jahresgespräche in seiner Planung nicht schon berücksichtigt hat. Nun bleibt ihm nur ein Tag zur Vorbereitung. „Ich werde das Beste daraus machen", sagt er sich. Zur Vorbereitung der Gespräche sucht Kimba die Protokolle der Jahresgespräche vom Vorjahr heraus und sieht nach, welche konkreten Vereinbarungen dort notiert wurden. Er wundert sich darüber, wie mager der Informationsgewinn aus diesen Unterlagen ausfällt, denn außer einigen Stichworten steht kaum etwas in den Protokollen. Kimba kommt es nun sehr zu Gute, dass er in seinem Notizbuch häufig auch Gedanken zu seinen Mitarbeitern aufgeschrieben hat. Anhand seiner eigenen Notizen kann er fundiertes Feedback an die Mitarbeiter geben und dies dann auch mit konkreten Beispielen erklären. Er weiß noch aus seinem Führungstraining, dass Feedback statt auf generellen Pauschaläußerungen, am besten auf einer konkreten Beobachtung aufbauen sollte, damit es besser angenommen werden kann. Um für seine Gespräche einen roten Faden zu haben, sucht Kimba im Lion-Net nach Hilfe und findet auch sehr schnell eine Checkliste für Jahresgespräche. Er entschließt sich, das Gespräch in vier Segmente aufzuteilen:

1. gemeinsame Betrachtung des letzten Jahres
2. Entwicklungsmöglichkeiten und Ziele für das kommende Jahr
3. Zusammenarbeit im Team und Betriebsklima
4. Ideen zur Verbesserung der Produktivität

Zu jedem dieser Hauptpunkte notiert sich Kimba mehrere Fragen. Er weiß, dass sein Redeanteil bei höchstens einem Drittel liegen sollte, besser noch darunter. Sein Ziel ist es ja schließlich, möglichst viel darüber zu erfahren, wie die strategischen Jahresziele von Tiger & Meyer optimal in seiner Abteilung umgesetzt werden können, wie die Mitarbeiter dabei zufriedener werden können und wie das Team insgesamt noch effektiver zusammenarbeiten kann.

Als erstes Halbjahresgespräch steht die Besprechung mit seinem Assistenten Leandro an. Nach einer kurzen Einführung eröffnet Kimba das Gespräch: „Als erstes würde ich gerne von dir wissen, wie du den Verlauf des letzten Jahres aus deiner Sicht beurteilst." „Na ja", antwortet Leandro, „im Großen und Ganzen ist es gut gelaufen. Obwohl es viele Veränderungen gegeben hat." Leandro lehnt sich in seinem Stuhl zurück. Kimba ist neugierig geworden, auch er lehnt sich in seinem Stuhl zurück. Die Kommunikationstechnik des Spiegelns und der sogenannten

Rapportbildung hat er seit dem Führungstraining so oft angewendet, dass sie ihm inzwischen zur automatischen Gewohnheit geworden ist. Inzwischen empfindet er es sogar als eine Selbstverständlichkeit, seinem Gesprächspartner auf diese Weise seine Aufmerksamkeit zukommen zu lassen und er merkt, wie sehr es ihm selbst hilft, den anderen viel besser zu verstehen. So auch hier: Durch das Zurücklehnen gewinnt er etwas Abstand und spürt, dass er dadurch gleich etwas gelassener wird. „Welche Veränderungen meinst du?", fragt er ruhig. „Also", beginnt Leandro, „es ist so, dass mir durch die vielen positiven Veränderungen in unserer Abteilung immer deutlicher wird, dass ich gerne einen größeren Beitrag leisten würde, dabei ist mir aber unklar, wie sich meine eigene Karriere weiter entwickeln soll."

„Ich verstehe", gibt Kimba im gleichen, nachdenklichen Tonfall zurück, „du würdest gerne einen größeren Beitrag leisten und deine Karriere weiter entwickeln. Auf diesen Punkt möchte ich sehr gerne in diesem Gespräch eingehen. Wenn es dir recht ist, werden wir das Thema später wieder aufgreifen, nachdem wir uns die konkreteren Ergebnisse und Zielerreichung angesehen haben." Kimba achtet nun sehr genau auf die nonverbalen Signale seines Gesprächspartners. Er weiß, dass er das nötige Tatzenspitzengefühl braucht, um Leandro deutlich zu machen, dass er seine Karriereplanung ernst nimmt. Gleichzeitig möchte er aber auch die Führung im Gespräch behalten und den Fokus zunächst auf die Sachthemen aus Sicht des Unternehmens richten. Leandros Miene hellt sich auf und er scheint erleichtert zu sein, dass das Thema Karriere bei Kimba auf offene Ohren stößt. Am weiteren Gesprächsverlauf nimmt er engagiert teil und Kimba ist erstaunt, wie viel wichtige Information er erhält. Als sie später das Thema der Karriereentwicklung wieder aufgreifen, hat Kimba bereits eine Idee, wie es gelingen könnte, Leandro als Assistenten für mindestens ein weiteres Jahr zu halten und ihm gleichzeitig eine konkrete Karriereoption zu bieten. „Soweit ich dich verstanden habe", eröffnet er diesen Teil des Gesprächs, „willst du dich gerne weiterbilden und dich dadurch für eine höhere Position im Unternehmen qualifizieren, sehe ich das richtig?" Leandro nickt und hört weiter zu, den Kopf nach vorne gereckt und die Ohren aufgerichtet. „Ich schätze dich sehr als Mitarbeiter, kann aber gleichzeitig auch verstehen, dass du dich weiter entwickeln möchtest", fährt Kimba fort. „Ich könnte dir anbieten, dich für einen Fachlehrgang deiner Wahl für einen Tag in der Woche freizustellen, wenn du im Gegenzug bereit bist, deine aktuelle Stelle für die Dauer der Ausbildung zu halten und dabei hilfst, rechtzeitig einen Nachfolger einzuarbeiten."Leandro wiegt den Kopf in Gedanken hin und her. „Das klingt eigentlich sehr gut", sagt er schließlich mit einem Lächeln, „das ist genau das, was ich mir erhofft hatte."Gemeinsam besprechen Kimba und Leandro noch die übrigen Themen und Kimba protokolliert die Ergebnisse. Zum Abschluss verabschieden sich die beiden Löwen per Tatzenschlag und besiegeln so die getroffenen Vereinbarungen. Eine Kopie des Protokolls erhält Leandro im Anschluss noch per Lion-Mail.

9
Werde, der du bist!

Lono

Lono kommt eines Morgens besonders motiviert zur Arbeit. Er hat am Vorabend einen Film gesehen und fühlt sich noch davon inspiriert. Der Held des Films war ein Löwiator im alten Römischen Löwenreich. Die Geschichte des ehemaligen Kriegers, der in Gefangenschaft geriet und sich seinen Weg zu Ruhm und Anerkennung zurückeroberte, hat Lono tief beeindruckt. Der Löwiator war am Ende des Films ein großer Anführer. In glänzender Rüstung hielt er mitreißende Reden an seine Ergebenen und sicherte sich so deren Bewunderung und Treue. „So muss eine Führungskraft sein", denkt sich Lono, „klar, heroisch und doch voller Verständnis für die Untergebenen". Lono sucht im Lion-Net nach Führungsstilen und findet eine Liste, die er schon aus dem Führungstraining kennt. Die Möglichkeiten reichen von autoritär auf der einen Seite der Palette bis demokratisch auf der anderen Seite. Dieses Führungskontinuum wurde von einem gewissen Löwenbaum entworfen und es zeigt insgesamt sieben Führungsstile, die sich darin unterscheiden, wie stark jeweils die Mitarbeiter in die Entscheidungsprozesse eingebunden werden. Rein autoritär findet Lono zu tyrannisch, aber so ganz demokratisch kann es in seiner Abteilung auch nicht zugehen. Lono schaut sich die sieben Stile genauer an. „Autoritär will ich nicht wahrgenommen werden", sinniert Lono. „Patriarchalisch klingt ganz gut. Da dürfen meine Mitarbeiter zwar Fragen stellen, aber entscheiden tue ich." Auch die noch folgenden Stile – beratend, konsultativ und partizipativ – nimmt Lono in die engere Wahl. Schließlich liegt dort die letzte Entscheidung immer noch bei ihm, dem Vorgesetztem. Nur die Stile delegativ und demokratisch lehnt er von Anfang an ab, denn er will Entscheidungen nicht den Mitarbeitern überlassen. „Sonst bin ich als Führungskraft ja überflüssig", findet Lono.

Am Ende entscheidet er sich für den patriarchalischen Stil, das hat ihm schließlich auch am Löwiator so gut gefallen: Einerseits klare Entscheidungen anordnen, aber andererseits auch gut begründen können, warum die Entscheidung genau so richtig ist. Als sich Lono dann an seine letzte Erfahrung mit Tina Tiger und dem Krisengespräch mit Katja Katze erinnert, überlegt er noch einige Minuten und nimmt den konsultativen Stil als zweite Option mit auf seine Liste. „In bestimmten Situationen kann ich dann mehrere Lösungen vorschlagen und sie mit den Mitarbeitern besprechen, bevor ich entscheide", denkt sich Lono. Er findet, er hat damit eine gute Wahl getroffen.

Als er später am Tag mit Lars Lichtblick über ein Programmierprojekt spricht, wittert er gleich schon die Chance, seine neuen Führungstechniken auszuprobieren. „Ich entscheide, dass wir mit der Softwarelösung A weitermachen", ordnet er an. „Bitte leite alles Erforderliche in die Wege. Wenn du Fragen zu meiner Entscheidung hast, dann darfst du sie gerne jetzt stellen", gestattet er Lars. Der Angesprochene zuckt nur mit den Schultern und geht relativ unbeeindruckt, wie Lono findet, zum nächsten Thema über. Diesmal geht es um eine konkrete Frage zur Gestaltung einer Benutzeroberfläche. „Ich sehe drei Optionen", probiert Lono seinen zweiten Führungsstil aus und schildert die jeweiligen Varianten. „Hast du Fragen oder Anregungen zu den einzelnen Alternativen?" fragt er Lars. „Hmm", brummt Lars, „ich hatte eigentlich an eine ganz andere Möglichkeit gedacht." „So ein Gnu-Mist!", schimpft Lono innerlich. Jetzt hat er sich in mühevoller Recherche seine Führungsstile herausgesucht und statt sich an die angebotenen Alternativen zu halten, macht Lars Lichtblick sein ganzes Konzept zunichte, indem er eigene Ideen einbringt. Wie Lono allerdings zugeben muss, hat Lars nicht ganz unrecht mit seinem Vorschlag. Er stimmt zögerlich zu, dass die von Lars vorgeschlagene Lösung tatsächlich die beste Option sei und beschließt, das Thema mit den Führungsstilen noch einmal neu zu überdenken. „Vielleicht sind die Regeln des alten Römischen Löwenreiches heute doch nicht mehr so aktuell", schlussfolgert er zutreffend und nimmt sich vor, in den Unterlagen des Führungstrainings nach weiteren Alternativen zu suchen.

Kimba

Kimba kommt eines Morgens besonders motiviert zur Arbeit. Er hat am Vorabend einen Film gesehen und fühlt sich noch davon inspiriert. Der Held des Films war ein Löwiator im alten Römischen Löwenreich. Es hat Kimba stark imponiert, wie dieser gefallene Held die Hoffnung nicht verlor und durch konsequenten Fokus auf seine stark eingeschränkten Möglichkeiten seinen Einflussbereich Schritt für Schritt ausbauen konnte. Der Löwiator im Film löste im alten Römischen Löwenreich trotz einer scheinbar unlösbaren Situation große Veränderungen aus. „Eine Führungsposition muss man sich immer wieder durch das eigene Handeln erarbeiten", schlussfolgert Kimba, „denn eine rein hierarchische Machtposition ist nichts wert, wenn man nicht in der Sache selbst überzeugt."Das Thema interessiert Kimba nicht nur aus seiner eigenen Führungsposition heraus, er beginnt, seine Ideen und Fragen rund um den Bereich „Führungskultur bei

Tiger & Meyer" auch als strategisch wichtiges Projekt zu begreifen. Immerhin ist seine Abteilung für strategische Entwicklungen zuständig. Kimba hat schon häufig mit Sorge und auch Ärger festgestellt, dass in den Führungsetagen von Tiger & Meyer zwar viele kompetente Großkatzen versammelt sind, aber fehlende Absprachen, unterschiedliche Verhaltensregeln und undurchsichtige Konsequenzen für positives und negatives Verhalten haben bei der Mehrzahl der Mitarbeiter inzwischen zu einem distanzierten und zum Teil frustrierten Verhältnis zum Management geführt. Aus Sicht der Geführten ist die Führung zu undurchsichtig, zu willkürlich. Kimba will mit Personalöwnix, dem Leiter der Lioning-Abteilung, und mit Leo Pardo, dem Leiter der Lion-Entwicklung, über seine Ideen sprechen.

Wenige Tage später sitzen die drei gemeinsam im Besprechungsraum und tauschen ihre Gedanken aus. Schnell wird ihnen klar, dass ein umfassendes Führungskonzept mit sehr viel Entwicklungsarbeit verbunden ist. „Es ist ja nicht damit getan, einen schönen Workshop zu halten", stellt Personalöwnix klar. „Für eine echte Veränderung brauchen wir Führungsgrundsätze, Kompetenzprofile und Führungswerkzeuge wie zum Beispiel Bewertungsbögen und Gesprächsleitfäden. Wir müssen uns auch auf bestimmte Richtlinien einigen und ein Führungsmodell auswählen, das auch zu uns als Firma und zu unseren Führungskräften passt." Leo Pardo nickt langsam und fügt nachdenklich hinzu: „Vor allem brauchen wir die Bereitschaft zur Veränderung bei den Führungskräften. Dieses Projekt kann nur dann Erfolg haben, wenn allen Beteiligten der damit verbundene enorme Nutzen ebenso klar ist wie die Risiken, die ein Nichtstun birgt."

Kimba nimmt aus dieser Besprechung drei Erkenntnisse mit: Erstens ist ihm klar geworden, dass so ein großes Projekt überhaupt nur dann eine Chance hat, wenn das Top-Lion-Management geschlossen hinter der Idee steht. Zweitens ist der Aufwand so hoch, dass eine genaue Kosten-Nutzen-Analyse notwendig ist, um abschätzen zu können, ob sich das Projekt „Gemeinsame Führungskultur bei Tiger & Meyer" tatsächlich lohnen würde. Und drittens ist ihm in der Besprechung das enorme Potenzial einer gesunden Führungskultur deutlich geworden. Seine ursprünglichen Gedanken zu mehr Effektivität in den Abläufen und einer größeren Mitarbeiterzufriedenheit haben sich bestätigt. Leo Pardo, der erst vor Kurzem von der Konkurrenz zu Tiger & Meyer wechselte, hat klar hervorgehoben, dass der Wettbewerbsvorteil der Zukunft darin liegt, die Spitzenkräfte des Arbeitsmarktes anzuziehen und an das Unternehmen binden zu können. Kimba wurde deutlich, dass Tiger & Meyer durch eine klare und transparente Führungskultur ein wesentlich attraktiverer Arbeitgeber werden würde.

Er fasst alle seine Gedanken in einer Mindmap zusammen und beginnt, ein Management Summary zu schreiben, in dem er den Projektvorschlag, den erwarteten Nutzen und auch die kritischen Gedanken zum Aufwand notiert. Den Entwurf sendet er an Personalöwnix und Leo Pardo. Gemeinsam wollen sie beschließen, wie sie den Vorschlag an das Top-Lion-Management herantragen wollen.

„Auch wenn die Situation sehr komplex scheint und ich in solch weitreichenden Entscheidungen relativ wenig zu sagen habe", denkt sich Kimba, „kann ich mich dennoch konsequent auf das Mögliche konzentrieren und dadurch vielleicht Schritt für Schritt meinen Einflussbereich ausbauen und eine große positive Veränderung bei Tiger & Meyer auslösen."

10
Führe der Situation entsprechend!

Lono

Lono ist auf seiner Suche nach dem idealen Führungsstil auf ein neues, vielseitigeres Modell gestoßen. Er findet es faszinierend, welche Entwicklung die Geschichte der Führungsstile in den letzten Jahrzehnten durchlaufen hat. Zu Beginn der Führungsforschung dachte man noch, dass Führungsstärke eine genetische

Veranlagung sein müsse oder auf bestimmte Charaktereigenschaften zurückgehe. Da aber die Vielzahl erfolgreicher Führungslöwen so groß war, rückte mit der Zeit immer mehr das konkrete Verhalten bzw. der Umgang mit den Mitarbeitern in den Fokus der Betrachtung. Ein solches Verhaltensmodell, und zwar ein eindimensionales, wie Lono jetzt weiß, hatte er sich ja bereits herausgesucht, als er sich auf dem Führungskontinuum von Löwenbaum für *seine* Stile entschied: den patriarchalischen und den konsultativen Stil. Nun stöbert Lono weiter in der Entwicklungsgeschichte der Führungsstile und stellt fest, dass es auch mehrdimensionale Modelle gibt. Diese betrachten nicht nur die Aufgabenorientierung und Entscheidungsfindung, sondern berücksichtigen auch die Beziehungsqualität zwischen Führungskraft und Untergebenem. Und an dieser Stelle ist Lono auf das besagte Modell gestoßen. Es erscheint ihm vielseitig genug, den verschiedenen Führungssituationen gerecht zu werden. In der Tat stammt das Modell aus dem Bereich der situativen Führung und wurde von einem gewissen W.J. Löwwin, mit doppeltem w, entwickelt.

Lono freut sich. Je nachdem in welchem Verhältnis er Aufgabenorientierung und Beziehungsorientierung kombiniert, kann er aus vier Stilen auswählen.

1. Ihm gefällt der Gedanke, als Macher wahrgenommen zu werden. Dazu müsste er sich voll und ganz auf die Aufgabe fokussieren und der Beziehung zum Mitarbeiter keine Bedeutung geben.
2. Wenn er Aufgabenebene und Beziehungsebene gleich stark einbezieht, kann er als Integrierer glänzen.
3. Auch in der Rolle des Förderers gefällt sich Lono sehr gut. „Dazu muss ich einfach die Aufgabenebene herausnehmen und mich voll und ganz der Beziehungsebene widmen", denkt sich Lono.

4. Als souveräner Verwalter darf er sich fühlen, wenn er mit seinen Mitarbeitern kommuniziert, ohne einer der beiden Ebenen große Bedeutung zuzuschreiben.

Am nächsten Morgen betritt Lono das Unternehmen mit dem
festen Vorsatz, alle vier Stile in verschiedenen Situationen auszuprobieren. Er hat sich einen Notizzettel mit einer Matrixstruktur
des Führungsmodells gemalt, der ihn immer wieder an sein Vor-
haben erinnern soll.

Als Erstes trifft er Willy Wolf, der sich nach anfänglichen Problemen inzwischen wohl ganz gut eingearbeitet hat. Für ihn hat
er einen Auftrag, den er gerne im Stil des Machers kommunizieren möchte, also mit hoher Aufgabenorientierung und ohne
Beziehungsorientierung. „Willy, bringe diese leeren Monitor-
schachteln unverzüglich in den Lagerraum!", weist er seinen
Mitarbeiter und Studienfreund in befehlsmäßigem Ton an. Willy
ist so verdutzt, dass er nicht weiß, was er erwidern soll. „Okay,
Sir!", hört Willy sich sagen und verschwindet kurz darauf mit
den Schachteln unterm Arm in Richtung Lagerraum. „Das funktioniert ja gut", freut sich Lono. Er stürzt sich sogleich auf Lars
Lichtblick, den er mit der Technik des Integrierers überraschen
möchte.

„Mein lieber Lars", beginnt Lono, denn nun muss er ja zur
hohen Aufgabenorientierung auch eine hohe Beziehungsorientierung ins Spiel bringen, „du bist mir schon seit langem ein sehr
wichtiger Mitarbeiter und Vertrauter. Ich habe eine wichtige Aufgabe für dich. Ich möchte dich freundlich darum bitten, die letzten Änderungen in unserer Verwaltungssoftware noch einmal auf
mögliche Fehlerquellen zu prüfen. Ich verlasse mich da voll und
ganz auf dich." Lars zieht die Stirn in Falten und betrachtet Lono
mit misstrauischem Blick. „Ja, okay", sagt er langsam, „das hatte
ich für heute ja ohnehin schon auf meinem Plan stehen." „Na
also", entgegnet Lono, der sich über den offensichtlichen Erfolg
seiner Kommunikation freut.

Als Nächstes begegnet Lono einem neuen IT-Support-Mitarbeiter, mit dem er bisher kaum ein Wort gewechselt hat. „Das ist doch die beste Gelegenheit, als Förderer aktiv zu werden." Er konzentriert sich voll auf die Beziehungsebene, fährt die Aufgabenorientierung herunter und begrüßt den Neuen. „Guten Morgen, wir hatten bisher noch wenig miteinander zu tun. Ich bin Lono, der Chef dieser Abteilung. Ich hoffe sehr, dass du dich sehr wohl bei uns fühlst und alles zu deiner Zufriedenheit läuft. Bitte gib mir sofort Bescheid, wenn ich etwas für dich tun kann. Und falls du in den nächsten Tagen die Zeit finden solltest, würde es mich freuen, wenn du die Festplatten im Serverraum auswechseln könntest." „Oh, Herr Lono, vielen Dank", antwortet der Neue verwirrt. Es entsteht eine kurze Stille, die Lono schließlich unterbricht. „Aber jetzt wieder an die Arbeit. Du weißt, wo du mich findest, wenn du etwas brauchst."

Lono fehlt jetzt nur noch eine Gelegenheit, um sich als ruhiger Verwalter zu präsentieren. Er trifft Kimba auf dem Flur und achtet darauf, weder beziehungs- noch aufgabenorientiert zu wirken. „Kimba, die Protokolle der letzten Management-Besprechung solltest du bei Gelegenheit noch korrekt abheften, Blatt zwei und drei sind vertauscht", sagt Lono knapp. „Geschafft", denkt er sich, „alle vier Stile erfolgreich umgesetzt."

Leider hat Lono das situative Führungsmodell von Löwwin nicht ganz zu Ende betrachtet, denn sonst hätte er festgestellt, dass die Stile nur dann positiv wahrgenommen werden, wenn sie auch passend zur jeweiligen Situation eingesetzt werden. Passen Stil und Situation nicht zueinander, zeigt sich die Kehrseite der Medaille. Und so ist Lono bei Willy nicht als Macher, sondern als Autokrat aufgefallen. Lars hat Lono nicht als Integrierer, sondern als Kompromissler wahrgenommen. Der namenlose Neue sah in Lono weniger einen echten Förderer, sondern viel mehr einen Gefälligkeitsapostel und aus Kimbas Sicht hat Lono sich nicht wie ein Verwalter verhalten, sondern eher wie ein Bürokrat im negativen Sinne.

Kimba

Kimba ist auf seiner Suche nach dem idealen Führungsstil auf ein für ihn neues, vielseitiges Modell gestoßen. Er findet es faszinierend, welche Entwicklung die Geschichte der Führungsstile in den letzten Jahrzehnten durchlaufen hat. Jedenfalls hat Kimba auf Empfehlung des Leiters der Lion-Entwicklung, Leo Pardo, das Buch „Der 01- Minuten-Löwe" gelesen. Dieses situative Führungsmodell schlägt vier Führungsstile vor. Ausschlaggebend für die Wahl des richtigen Stiles ist der jeweilige Reifegrad des Mitarbeiters. Kimba erkennt, dass er folgende Optionen hat:

1. Das Dirigieren wird als Stil für neue Mitarbeiter mit geringem Reifegrad empfohlen. Hier steht die Aufgabe im Vordergrund, die Beziehung ist nebensächlich.
2. Mit zunehmendem Reifegrad des Mitarbeiters wird im zweiten Schritt der Stil des Verkaufens empfohlen. Aufgabe und Beziehung sind hier beide von Bedeutung, es geht schließlich darum, den Mitarbeiter für verantwortungsvollere Tätigkeiten zu gewinnen.

3. Im weiteren Entwicklungsverlauf kommt in Phase drei das Prinzip Partizipieren zum Einsatz. Der nun schon erfahrene Mitarbeiter braucht auf der Aufgabenebene wenig Betreuung, die Führungskraft sollte aber weiter auf eine stabile Beziehungsebene achten.

4. Für Mitarbeiter mit hohem Reifegrad empfiehlt das Modell den Stil des Delegierens. Wenn dem Mitarbeiter sowohl seine Aufgaben klar sind als auch die Beziehung zu ihm sehr stabil ist, dann muss in der Kommunikation kaum mehr auf die beiden Ebenen eingegangen werden.

Kimba überlegt sich, welche seiner Mitarbeiter in die verschiedenen Abschnitte des Reifungsprozesses fallen und überlegt, wie er die Kommunikation mit ihnen nach den Grundsätzen des Reifegradmodells verbessern kann.

Am nächsten Morgen betritt Kimba das Unternehmen mit dem festen Vorsatz, alle vier Stile in verschiedenen Situationen auszuprobieren. Er hat sich einen Notizzettel geschrieben und fühlt sich gut vorbereitet.

Als Erstes trifft er Jano Jaguar, der gerade erst letzte Woche bei Tiger & Meyer begonnen hat. Jano soll in einem halben Jahr den Assistenzposten von Leandro übernehmen. Kimba weiß, dass er Jano gegenüber vor allem auf der Aufgabenebene klare Anweisungen geben muss und dass es noch zu früh ist, die Beziehungsebene in den Vordergrund zu rücken. „Guten Morgen, Jano", begrüßt Kimba den Neuling, „bitte bringe heute diese Verpackungen in den Lagerraum und achte darauf, dass sie nicht den Notausgang versperren." „Okay, geht klar", entgegnet Jano und macht sich an die Arbeit.

Als Nächstes trifft Kimba auf Bob Cat, einen Analysten, den er vor einigen Monaten eingestellt hat und der seine ersten eigenen Projekte bereits sehr selbstständig meistert. „Hallo Bob, wie geht es dir heute?", beginnt Kimba das Gespräch, „Kommst du gut klar mit der Marktanalyse?" Kimba achtet darauf, sowohl die

Aufgabenebene als auch die Beziehungsebene zu bedienen. Bob bejaht und Kimba, der Bob für ein neues Projekt gewinnen will, fährt fort: „Du hast doch in Liondon gearbeitet und bist sogar in Lengland geboren. Deine Analysen sind bisher immer sehr exakt gewesen. Ich frage mich, ob du dir auch zutrauen würdest, an einer gemeinsamen Großstudie mit unserer Partnergesellschaft in Lamerika mitzuarbeiten." Bob zögert zunächst. Gemeinsam entwickeln Kimba und Bob eine Strategie, wie Bob in den nächsten Wochen den Überblick über besagte Studie gewinnen kann und dann schrittweise in das Projekt eingebunden wird. „Bob hat wirklich das Zeug zu einem hervorragenden Analysten", denkt Kimba.

Da sieht er auch schon Hans Hakuna, einen langjährigen Mitarbeiter von Tiger & Meyer. „Guten Morgen, Hans, wie ist deine Präsentation bei der Hausmesse gelaufen?", fragt Kimba. „Hat unser gemeinsames Präsentationstraining zum erhofften Erfolg geführt?" „Fantastisch!", antwortet Hans. „Die Kunden waren völlig begeistert und ich habe mich auch sehr sicher und souverän gefühlt." „Das ist ja toll!", freut sich Kimba mit seinem Kollegen. „Ich wollte dich auch noch um deine Einschätzung zur optimalen Nachbereitung deiner Präsentation bitten. Kannst du dir hierzu bitte Gedanken machen, damit wir später zusammen entscheiden können, welche Strategie die beste ist?" „Klar, gerne", nimmt Hans den Auftrag an. Kimba ist bewusst auf die Beziehungsebene eingegangen und hat Hans nach seinen Erfahrungen gefragt. Auf die Aufgabe musste er hingegen kaum eingehen, denn der erfahrene Hans weiß bereits, was zu tun ist.

Nun ist es doch schon Nachmittag geworden, als Kimba endlich mit seinem Assistenten Leandro sprechen kann. „Morgen kommt die Delegation aus Lasien zum Projektmeeting. Kannst du dich um alles kümmern?", fragt Kimba. Er weiß, dass er sich auf Leandro fast blind verlassen kann. „Kein Problem", antwortet dieser.

11

Motivationsgespräche: Sei achtsam und sprich darüber!

Lono

Lars Lichtblick hat in letzter Zeit offenbar eine Schwächephase. Er ist „Bugfixer" und damit zuständig für die Reparatur von fehlerhaften Programmierungen in der firmeneigenen Software. Lono ist nun schon mehrfach aufgefallen, dass Lars die Abgabetermine für die angekündigten Softwareupdates deutlich überschreitet. Da aber offenbar keine größeren Probleme dadurch entstehen und Lono wirklich wichtigere Dinge zu bewältigen hat, unternimmt er zunächst nichts. „Fehler geschehen überall und wo gejagt wird, da fallen eben auch mal Zähne", denkt sich Lono. „Man muss auch mal ein Auge zudrücken können."

Erst als Lono auf dem Flur zufällig hört, wie sich ein anderer Mitarbeiter über die verzögerten Updates ärgert – „… und Lono könnte ruhig mal ein Machtwort sprechen", hört er den Mitarbeiter durch die angelehnte Bürotür sagen – nimmt er sich vor, mit Lars zu sprechen. Da er nicht gleich einen Streit vom Zaun brechen will, beschließt er, zunächst einmal vorsichtig nachzufragen und herauszufinden, ob er Lars nicht wieder zu seinen gewohnten Leistungen motivieren kann.

Zum Thema Motivation findet Lono auch sofort Informationen in den Unterlagen seines Führungstrainings. „Es gibt intrinsische und extrinsische Motivation", liest er und erinnert sich, dass die extrinsische Motivation von außen kommt und „ … dass man intrinsische Motivation ‚insischtrin' trägt." Diesen Witz des Führungscoach hat sich Lono als Zebrabrücke gut merken können. Als Faktoren der intrinsischen Motivation hat Lono in den Unterlagen folgende Unterpunkte notiert: Spaß (Arbeitsfreude), Flow, Ziele, Werte und Identität. Er ist sich nicht mehr ganz sicher, was damit konkret gemeint war. Umso besser versteht er jedoch seine Notizen zum Punkt extrinsische Motivation: Hackfleischbrot und Peitsche.

Er schickt Lars eine Lion-Mail und bittet ihn zu einem Vieraugengespräch am kommenden Tag um 15 Uhr in sein Büro. Lars erscheint pünktlich.

Lono hat das Gespräch gut vorbereitet. Er hat sicherheitshalber für jeden Unterpunkt seiner Motivationsnotizen etwas notiert. Zunächst beginnt er mit dem Punkt Arbeitsfreude. „Lars, ich wollte gerne mit dir über deine Arbeit sprechen. Fühlst du dich noch wohl mit dem, was du tust?" Bevor Lars antworten kann, belehrt Lono ihn: „Du weißt doch auch, wie wichtig es ist, seine Arbeit nicht nur gut, sondern auch gerne zu machen." Dann wechselt Lono zum nächsten Punkt, den Zielen: „Du hast mir ja schließlich erzählt, dass du gerne weiter aufsteigen willst bei Tiger & Meyer. Dafür muss man natürlich auch gute Leistung bringen und vor allem zuverlässig arbeiten. Denn Zuverlässigkeit ist ein sehr wichtiger Wert in diesem Unternehmen, das weißt du doch sicher auch, oder?", fragt Lono und kann auf seiner Checkliste nun also auch den Punkt „Werte" abhaken. „Du warst doch schon immer ein Top-Löwe in deinem Gebiet, daran solltest du immer denken." Mit dieser Anspielung auf Lars' Identität will Lono seine kurze Motivationsansprache beenden. Doch halt, da fällt ihm noch die extrinsische Motivation ein. „Hackfleischbrot und Peitsche", denkt er sich, und sagt: „Als Top-Löwe klappt es für dich auch sicher mit der Beförderung und der Gehaltserhöhung. Aber ohne Zuverlässigkeit sieht es da sehr düster aus."

Lars hat bis jetzt nichts gesagt und scheint Lonos Vortrag auch nichts hinzufügen zu wollen. Es fällt Lono schwer, einzuschätzen, was in Lars nun vor sich geht. „Was sagst du denn dazu?", fragt er. „Irgendetwas musst du doch dazu zu sagen haben." Lars holt tief Luft und atmet mit einem Seufzer wieder aus. „Ja, ich habe in letzter Zeit einige Termine nicht einhalten können. Tut mir leid, ich werde mich bessern", sagt Lars mit zusammengebissenen Zähnen. „Wenn du erlaubst, dann würde jetzt auch gleich wieder an die Arbeit gehen, denn ich habe heute tatsächlich noch einen Abgabetermin, der mal wieder kaum noch zu schaffen ist." Lono will auf keinen Fall Schuld an einer weiteren Verzögerung sein und entlässt Lars umgehend aus dem Gespräch. So richtig zufrieden ist er jedoch nicht. Lars erscheint ihm kein bisschen stärker motiviert als vor dem Gespräch. „Aber immerhin scheint er verstanden zu haben, dass er etwas verbessern soll", beruhigt sich Lono. Er wendet sich wieder seinen anderen Projekten zu.

Kimba

Identität
Werte
Glaubenssätze
Fähigkeiten
Verhalten

Hans Hakuna hat in letzter Zeit offenbar eine Schwächephase. Als Analyst liefert er in der Regel erstklassige Arbeit ab. Kimba ist in den letzten Tagen jedoch aufgefallen, dass Hans irgendwie gestresst aussieht, und nun hat er tatsächlich den Abgabetermin für die angekündigte Kundenanalyse verpasst. „Je früher ich mit Hans spreche, umso schneller finden wir eine Lösung", denkt sich Kimba. „Lieber klären wir die Sache jetzt, bevor noch ein echtes Problem daraus entsteht."

Zum Thema Motivation findet Kimba auch sofort Informationen in den Unterlagen seines Führungstrainings. Intrinsische und extrinsische Faktoren hat Kimba gut verstanden und er erinnert sich auch daran, dass auf Dauer die intrinsischen Faktoren deutlich mehr zu guter Leistung und Zufriedenheit beim Mitarbeiter beitragen als äußere Belohnungs- und Bestrafungsmechanismen. Während er in seinen Unterlagen blättert, findet er noch ein weiteres Modell, das ihm nützlich erscheint. Es ist das Modell der logischen Ebenen, das er auch schon unter dem Namen „Wunderleiter" im Studium bei seinen Professoren Frank und Heidi Giraffe kennengelernt hatte. In einem Rollenspiel konnte er bei den beiden am eignen Fell erleben, wie präzise sich mit diesem Kommunikationswerkzeug die Quellen der eigenen Motivation herausarbeiten lassen. Kimba beschließt, diese „Wunderleiter" als roten Faden mit in sein Gespräch zu nehmen. Die fünf Sprossen der Leiter notiert er sich noch in sein Notizbuch: Verhalten, Fähigkeiten, Glaubenssätze, Werte und Identität.

Am nächsten Morgen begibt sich Kimba auf den Weg zu Hans' Büro. Er dreht oft morgens eine kurze Runde bei seinen Mitarbeitern, um nach dem Laufenden zu sehen. Jetzt erweist sich diese Routine als nützlich, denn für ein Motivationsgespräch will Kimba kein formelles Setting, sondern ein eher spontanes Gespräch. Sein Ziel ist es, herauszufinden, wie er Hans besser unterstützen kann, und ob vielleicht ein tiefergehendes Problem hinter seinem Verhalten steckt.

„Guten Morgen, Hans", beginnt Lono das Gespräch. „Guten Morgen, Kimba", erwidert Hans seinen Gruß. „Hans", Kimbas Stimme wird etwas ruhiger und tiefer, „wie läuft es denn so bei dir in letzter Zeit? Ich habe den Eindruck, dass du nicht in Höchstform bist." Das nun eintretende Schweigen hat Kimba gelernt auszuhalten. Er weiß, dass Stille in einem Gespräch sehr hilfreich sein kann, sie kann im wahrsten Sinne des Wortes beruhigen. Nachdem Hans einen Moment nachgedacht hat, antwortet er: „Ja, irgendwie ist mir gerade alles zu viel. Ich habe das Gefühl, in Arbeit zu ersticken." Kimba hört ihm aufmerksam zu und unterbricht auch diesmal nicht die Stille. „Ich weiß ja auch nicht", fügt Hans schließlich hinzu, „ich habe zwar nicht mehr Analysen zu machen als früher, aber ich komme irgendwie trotzdem nicht hinterher." Kimba spürt, dass der Zeitpunkt für das Gespräch günstig ist. Statt wie geplant den Nachmittag vorzuschlagen, nutzt er die Gelegenheit und teilt seine konkrete Beobachtung auf der Verhaltensstufe der Wunderleiter mit. „Ja, mir ist aufgefallen, dass du in letzter Zeit oft unausgeschlafen aussiehst, die

Mähne zerzaust. Und dass du einen Abgabetermin verpasst, hat
mich wirklich sehr verwundert ". Kimba achtet darauf, dass seine
Wertschätzung für Hans auch in seinem Tonfall deutlich wird.
Die zweite Stufe der Wunderleiter würde er am liebsten weglas-
sen, denn dass Hans alle Fähigkeiten besitzt, um seine Arbeit her-
vorragend zu erledigen, bezweifelt Kimba nicht. Trotzdem fragt
er: „Konntest du denn aus irgendeinem Grund diesmal nicht so
arbeiten wie sonst? War diese Analyse komplizierter als die vor-
herigen?" „Nein, nein", beschwichtigt Hans schnell, „es war einfach so, dass etwas dazwischen kam, ein Gefallen unter Kollegen
für jemanden aus dem Vertrieb. Und weil man ja seine Kollegen
nicht hängen lassen kann, hat mir dann am Ende die Zeit für die
Analyse gefehlt." Kimba bemerkt, wie Hans schon von alleine
die nächste Sprosse der Leiter genommen hat. Statt auf der Stufe
der Fähigkeiten zu bleiben, ist er gleich zu den Glaubenssätzen
gewechselt: „Man kann ja seine Kollegen nicht hängen lassen!"
Das findet Kimba sehr interessant. Er weiß nun, dass Hans auf
der logischen Ebene der Glaubenssätze eine Erklärung für sein
Verhalten gefunden hat. Allerdings ist es für Kimba noch nicht
verständlich, wie Hans seine Prioritäten setzt und somit die kolle-
giale Hilfe seiner eigentlichen Arbeit voranstellt. Kimba steigt die
nächste Stufe der Wunderleiter hinauf: „Hilfsbereitschaft scheint
dir sehr wichtig zu sein", spricht er direkt die Werteebene an. „Ja,
selbstverständlich", ist Hans' Antwort. „Hilfsbereitschaft und
Kollegialität geht über alles!" „Geht es auch über Professionalität
und Zuverlässigkeit?", fragt Kimba kritisch nach. „So habe ich
das noch gar nicht betrachtet", gibt Hans zu. „Du hast recht,
manchmal muss man sich tatsächlich entscheiden, was wichtiger
ist." Kimba spürt, dass Hans gedanklich auf dem richtigen Weg
ist. Er beschließt nun, auch noch die höchste Stufe, die Identität, anzusprechen. „Du bist tatsächlich ein echter Spitzenanalyst.
In meinem Kontaktbuch stehst du sogar unter Mr. Zuverlässig",
scherzt er. Hans lächelt: „Ich würde aber auch gerne unter Mr.

Lieblingskollege gelistet sein. Aber ja, ich werde an erster Stelle Herr Zuverlässig sein und gleich danach Herr Kollegialität.“

Kimba und Hans verabschieden sich mit einem Tatzenschlag und kehren zurück zu ihren Projekten.

12
Feedbackgespräche: Kläre Zweifel früh!

Lono

Leider lässt Lars Lichtblicks Leistung weiterhin zu wünschen übrig. Lono erfährt, dass trotz des vorhergegangenen Gesprächs auch die beiden nächsten Softwareupdates, die in Lars' Verantwortungsbereich lagen, deutlich zu spät installiert wurden. Er muss Lars dringend ein ernstes Feedback geben, sonst fallen dessen schlechte Leistungen auf ihn selbst zurück, so viel hat Lono inzwischen begriffen. Am Ende ist man eben doch immer selbst für das verantwortlich, was die Mitarbeiter verbocken. Seinen ersten Ärger kontrolliert Lono und bereitet sich erst einmal auf das Gespräch vor.

Zum Thema Feedback muss Lono sofort an das Sahari-Fenster denken, das er im Führungstraining kennen gelernt hat. Dieses Modell stellt die Selbstwahrnehmung und die Fremdwahrnehmung gegenüber und unterteilt vier Bereiche:

1. Etwas, das beiden Seiten bekannt ist, nennt man den öffentlichen Bereich, zum Beispiel die schöne dunkle Färbung von Lonos Mähne. Er weiß es. Die anderen sehen es. Öffentlicher Bereich.
2. Etwas, das nur einem selbst bekannt ist, den anderen aber nicht, steht im privaten Bereich. Lono weiß, dass er bei der dunklen Färbung in letzter Zeit ab und zu mit etwas Tönung nachgeholfen hat. Er weiß es. Die anderen nicht. Privater Bereich.
3. Etwas, das den anderen bekannt ist, aber für Lono unbekannt, nennt man blinden Fleck. Also wenn zum Bespiel etwas von der Tönung auf Lonos Krawatte getropft sein sollte und diese nun einen Fleck hat, den Lono noch nicht bemerkt hat. Die anderen wissen es. Lono weiß es nicht. Blinder Fleck. „Sehr peinlich", findet Lono.
4. Der vierte Bereich ist etwas, das weder man selbst, noch andere wissen. Dieser Bereich heißt einfach unbekannter Bereich. „Wenn also ein Fleck auf der Rückseite meiner Krawatte wäre. Ich weiß es nicht. Die anderen wissen es nicht. Unbekannter Bereich", resümiert Lono.

Das Feedback, das er Lars geben will, liegt also eigentlich im öffentlichen Bereich, denn Lars weiß ja wohl selbst am besten, dass er seine Programme zu spät fertiggestellt hat. „Vielleicht weiß er aber nicht, welche Auswirkungen die Verzögerung hat", denkt Lono weiter, „das wäre dann sein blinder Fleck". Also beschließt Lono, vor allem die Auswirkungen deutlich zu machen.

Außerdem erinnert sich Lono an die Sandwich-Technik: zuerst etwas Positives sagen, dann das negative Feedback anbringen und anschließend noch mal etwas Positives erwähnen. Lono hat sich an den Rand der Seminarunterlagen „Gnu-Mist-Sandwich" geschrieben, weil das Unangenehme in der Mitte ist. Er kichert innerlich, bevor er mit seiner Gesprächsvorbereitung weitermacht.

Am nächsten Morgen sendet er sofort eine Lion-Mail an Lars und teilt ihm mit, dass er sich um 11:30 Uhr in Lonos Büro einzufinden hat. Lono findet, dass ein förmlicher und strenger Ton in der Lion-Mail schon den Ernst der Lage deutlich machen sollte.

Als Lars pünktlich Lonos Büro betritt, fängt Letzterer sofort mit seinem einstudierten Feedback an. „Lars, du bist ein guter Mitarbeiter." Den ersten Teil des Feedback-Sandwichs hätte er damit schon einmal geschafft. Nun fährt er fort: „Aber ganz offenbar machst du dir keine Gedanken darüber, was alles von deiner Arbeit abhängt. Wenn du die Fehler in der Software zu spät behebst, dann steht manchmal die ganze Produktion still!" Lono schafft es nicht ganz, einen sachlichen Ton zu behalten. „Trotz allem schätze ich natürlich auch deine freundliche Art", schließt Lono das Sandwich von der anderen Seite.

Lars sitzt schmallippig auf seinem Stuhl und schaut an die Zimmerdecke. Dann schüttelt er die Mähne. „Ich mache mir keine Gedanken?", fragt er. „Ich mache mir keine Gedanken? Lieber Lono, wenn du wüsstest, wie viele Gedanken ich mir mache! Meinst du denn nicht, dass ich immer als Erstes den Stress abbekomme, wenn mal wieder irgendwas schiefläuft?" Lars kann den Zorn und die Enttäuschung in seiner Stimme kaum verbergen. Er ist laut geworden. „Wir können über alles reden", sagt Lono, nun ebenfalls laut, „aber nicht – in – diesem – Ton!" Lono unterstreicht jedes Wort mit einer drohenden Geste seiner Tatze. Er spürt, dass ihm heiß wird und seine Zunge fühlt sich trocken an. Lars schnaubt und holt tief Luft. „Lono", sagt er schließlich, „lass es gut sein. Ich habe verstanden. Die Abgabetermine müssen eingehalten werden. Aber komm mir dann bitte nicht mehr mit

Qualitätskontrollen oder sonst was. Wenn es schnell gehen soll, dann kann ich für nichts garantieren." „Du schaffst das schon", versucht Lono noch in versöhnlichem Ton zu erwidern, aber da ist Lars schon aus der Tür. „Unverschämt", denkt sich Lono, „eine Frechheit, mir so einfach den Rücken zuzudrehen!" Er ist immer noch sehr aufgebracht. Der laute Wortwechsel hat die Neugier der anderen Mitarbeiter geweckt. Aus den anliegenden Büros werden bereits fragende Blicke Richtung Lono geworfen. So entscheidet er sich, die Situation jetzt nicht noch weiter eskalieren zu lassen, schließt seine Tür und kehrt zurück an seinen Schreibtisch.

Kimba

Leider lässt Hans Hakunas Leistung weiterhin zu wünschen übrig. Kimba erfährt, dass trotz des vorhergegangenen Gesprächs auch die beiden nächsten Abgabetermine, die in Hans' Verantwortungsbereich lagen, nicht eingehalten wurden.

Kimba macht in der Mittagspause einen Spaziergang und denkt über die Situation nach. Er ist sich bewusst, dass es nun nicht mehr beim reinen Motivationsgespräch bleiben kann. Ein Feedbackgespräch ist der zweite von fünf Schritten, die Kimba im Führungskräftetraining kennengelernt hat. Die Leitfäden zu den einzelnen Gesprächstypen fand er bereits in den Rollenspielen sehr nützlich. Nun erinnert er sich daran und sucht in seinen Unterlagen. Schnell findet er die Stelle im Skript und auch seine Notizen dazu. Als Gesprächsleitfaden für das Feedbackgespräch hat sich Kimba Folgendes notiert:

> Feedback sollte immer mit einer konkreten, objektiven Beobachtung beginnen. Im nächsten Schritt sollte man die (Aus-) Wirkung des Mitarbeiterverhaltens deutlich machen. Optionaler dritter Schritt: eine eigene Vermutung zur Ursache (je nach Situation auch wegzulassen). Vierter Schritt: zuhören.

Den vierten Schritt hat Kimba in seinen Unterlagen mehrfach unterstrichen. Auch das Sahari-Fenster und die Sandwich-Technik schaut sich Kimba noch einmal an. Zur Wirkung von Feedback hat Kimba sich auch noch eine Skizze in die Unterlagen gezeichnet. Fremdeinschätzung und Selbsteinschätzung können oft unterschiedlich sein. Wenn zum Beispiel der Mitarbeiter denkt, er sei besonders gut, und die Führungskraft denkt dies auch, dann spricht man vom Bereich „Talent". Denkt der Mitarbeiter, dass er nicht besonders gut in einem Aufgabenbereich ist und die Führungskraft sieht es auch so, nennt sich dieser Bereich „Hilfe", denn durch die nötige Hilfe kann das Problem behoben werden. Hält sich der Mitarbeiter für schlecht, aber die Führungskraft findet seine Leistungen schon ganz gut, dann spricht man von „Potenzial". Spannend wird es im letzten Bereich, wenn der Mitarbeiter sich für gut hält, die Führungskraft aber eine andere Meinung dazu hat. Diesen Bereich nennt man „Schock". Kimba notiert in sein Notizbuch die vier Bereiche, um sie im Gespräch zur Tatze zu haben. Es gibt ihm ein sicheres Gefühl, zu wissen, dass es einfache Modelle gibt, an denen er sich in komplizierten Situationen orientieren kann.

Kimba sucht als Erstes die konkreten Daten für sein Feedback heraus. Drei Analysen wurden zu spät eingereicht. In zwei Fällen lag die Verzögerung bei nur einem Arbeitstag, im dritten Fall aber kam der Bericht eine ganze Woche zu spät und die Produktionsplanung musste infolgedessen geändert werden. Ein recht aufwändiger Prozess, der für einigen Ärger gesorgt hatte.

Am nächsten Morgen bittet Kimba Hans in sein Büro. Nachdem Hans sich gesetzt hat, nimmt auch Kimba Platz. „Hans, nach unserem letzten Gespräch war ich überzeugt, dass das Thema mit den verspäteten Abgaben vom Tisch ist", beginnt er, „aber auch die drei letzten Analysen wurden mindestens einen Tag zu spät abgegeben, eine davon sogar mit einer Woche Verzögerung. Das hat zu echten Problemen in der Produktion geführt." Damit hat Kimba die ersten beiden Punkte seiner Checkliste angesprochen. Seine Vermutung spricht er besonders vorsichtig an: „Kann es vielleicht sein, dass du im Moment einfach überlastet bist?" Hans braucht eine Weile, bevor er antwortet: „Ich weiß es auch nicht", gibt er zu. „Irgendwie kommt mir einfach zu viel dazwischen und auch wenn ich versuche Nein zu sagen, bleiben doch immer noch viel zu viele Aufgaben an mir hängen." Kimba und Hans diskutieren im weiteren Verlauf intensiv über die Arbeitsbelastung und Hans' Zeitmanagement. Da Hans sich offenbar über den Verbesserungsbedarf im Klaren ist, stellt Kimba mit Blick in sein Notizbuch fest, dass sich sein Feedback im Bereich „Hilfe" einordnen lässt. Er gibt Hans einige wertvolle Tipps zum Thema Zeitintelligenz und beide vereinbaren, die nächsten Analysen bereits zwei Tage vor Abgabetermin gemeinsam zu besprechen.

Kimba fühlt sich nach dem Gespräch noch nicht so richtig wohl. Einerseits haben sich beide zwar auf konkrete Maßnahmen geeinigt, aber Kimba fürchtet, dass diese zu kurz gefasst sind. Obwohl Kimba sich vornimmt, das Thema noch einmal mit Hans zu vertiefen, kommen in den nächsten Wochen mehrere strategische Kernprojekte in die entscheidende Phase und Kimba findet einfach keine Zeit mehr, weiter über sein Gespräch mit Hans nachzudenken. Da er auch keine Beschwerden mehr hört, hofft er, das Thema habe sich nun erledigt.

13

Kritikgespräche: Konsequente Klärung ist besser als fortschreitender Frust!

Lono

Lono steht unter Strom. Eine wichtige Teambesprechung steht an und die Vorbereitung hat ihn deutlich mehr Zeit gekostet, als geplant. Trotz allem will er vor seinem Team beweisen, dass er alle Zahlen und Fakten im Kopf und die Projekte im Griff hat. Hektisch sucht er noch nach den neuesten User-Berichten, schafft es aber nicht mehr, alle in seine Lionpoint-Präsentation einzubauen. „Egal", denkt er sich, „dann greifen wir eben in der Besprechung direkt über die Datenbank auf die Berichte zu und werten sie gemeinsam aus." Als Lono mit drei Minuten Verspätung ins Besprechungszimmer stürmt, sitzt sein gesamtes Team schon erwartungsvoll um den großen Tisch. „Typisch", denkt sich Lono, „ist man einmal selbst zu spät, sind natürlich alle anderen pünktlich. Jetzt sieht es auch noch so aus, als sei ich hier der Unzuverlässige." Er schließt mit gestressten Bewegungen seinen Laptop an und will gleich zum Start die User-Berichte an die Leinwand projizieren. Seine Mitarbeiter beginnen währenddessen miteinander zu reden, die Unruhe im Raum steigt. Endlich funktioniert der Projektor. Lono klickt auf den Link zu den Berichten, aber leider geschieht nichts und nach mehrmaligem hektischen Klicken stürzt das ganze Programm ab. Lonos Blick findet Lars Lichtblick, der ratlos zurückblickt. „Eigentlich hat das doch funktioniert", sagt Lars, der nun selbst auf der Tastatur herumdrückt und nach einer schnellen Lösung sucht. Lono spürt, wie ihm die Geduld ausgeht. „Eigentlich solltest du dafür sorgen, dass es funktioniert", erwidert er. „Das Problem ist doch schon seit Wochen bekannt und stand, soweit ich weiß, auch schon länger auf deiner To-Do-Liste." Die Gespräche der anderen Teammitglieder sind inzwischen verstummt, es herrscht eine drückende Stille im Raum, die nur durch das gestresste Tippen und Klicken von Lars Lichtblick unterbrochen wird, der inzwischen merklich verkrampft auf der Tastatur herumdrückt.

„Das darf doch jetzt nicht wahr sein!", denkt sich Lono und merkt, dass der Ärger in ihm hochsteigt. Sofort erinnert er sich an ein Anti-Stress-Seminar, das er vor langer Zeit einmal besucht hat. Mit einer entspannenden Atemtechnik versucht er sich zu beruhigen. Einatmen – ausatmen. Er versucht an eine schöne Savannenlandschaft zu denken. Trotz allem spürt er, dass sein Herz kräftig pocht. Seine Kiefermuskulatur verhärtet sich. Eine deutliche Furche hat sich derweil zwischen seinen Augenbrauen gebildet, das Nackenfell sträubt sich leicht, die Nüstern weiten sich. Lono neigt sich leicht nach vorne, die übrigen Mitarbeiter schauen gebannt zwischen den beiden Löwen hin und her. Lars hat das Tippen eingestellt. Es ist jetzt so still geworden, dass man ein Wüstensandkorn fallen hören könnte. Endlich durchbricht Lono das Schweigen. Betont langsam und kontrolliert sagt er zu Lars: „Genau darüber haben wir doch nun schon mehrfach gesprochen. Wie kann es denn sein, dass ausgerechnet jetzt die Technik versagt, wo das Problem doch schon seit Wochen bekannt ist?"

Lars richtet sich in seinem Stuhl auf, versucht ebenfalls seinen Ärger zu unterdrücken und kontert im gleichen, betont ruhigen Tonfall: „Bei dem Zeitdruck, den du hier machst, kannst du keine perfekte Qualität erwarten. Habe ich dir das nicht gleich gesagt?" Die Blicke des Teams wandern zurück zu Lono. „Und ich, ich habe dir ganz deutlich gesagt, dass ich pünktliche Arbeit erwarte und zwar nicht auf Kosten der Qualität. Vielleicht habe ich mich nicht deutlich genug ausgedrückt." Lonos Augen blitzen nun drohend, er spricht jetzt zunehmend schneller und auch deutlich lauter. „Ich erwarte, dass meinen Anweisungen Folge geleistet wird! Und wenn es dir nicht passt, dass ich hier das Sagen habe, dann kannst du gleich gehen! Da ist die Tür!" Lars springt auf, schaut Lono mit geweiteten Nüstern an, schnaubt. Wortlos packt er seine Sachen zusammen und stürmt aus dem Raum. Türen knallen, Reifen quietschen, Lars hat offenbar das Firmengelände verlassen.

Lono kann es nicht fassen. Dieses Verhalten ist völlig inakzeptabel. Das muss Konsequenzen haben. So eine Frechheit kann man sich nicht bieten lassen. Sein Team ist in Staunen erstarrt. „Die Sitzung ist beendet", sagt Lono und stürmt zurück in sein Büro. Sofort ruft er Personalöwnix, den Leiter der Lioning-Abteilung, an.

Kimba

Kimba steht unter Strom. Eine wichtige Teambesprechung steht an und die Vorbereitung hat ihn deutlich mehr Zeit gekostet als geplant. Er möchte, dass in der Besprechung anhand aktueller Zahlen wichtige Projektentscheidungen getroffen werden. Darum überträgt er noch schnell die neueste Analyse in seine Präsentation. Als Kimba mit drei Minuten Verspätung ins Besprechungszimmer kommt, sitzt sein gesamtes Team schon erwartungsvoll um den großen Tisch, überraschenderweise ist auch Tina Tiger, die Chefin von Tiger & Meyer, Teil der Runde. „Ich wollte mir gerne selbst ein Bild von den neuesten Marktdaten machen", erklärt sie. „Gut", denkt sich Kimba, „es ist ja alles gut vorbereitet, dann können wir also gleich anfangen."

Kimba schließt mit Hilfe von Leandro seinen Laptop an den Projektor an und öffnet das Dokument mit der Analyse. Die Zahlen zeigen klar, dass sich die Nachfrage positiv entwickelt. Er will gerade zur nächsten Folie weiterklicken, als Tina sich zu

Wort meldet. „Moment mal", sagt sie mit skeptischem Unterton, „die Zahlen sind doch vom Vorjahr." „Kann gar nicht sein", erwidert Kimba und stellt dann mit Schrecken fest, dass Tina tatsächlich Recht hat. Eine unangenehme Pause entsteht. „Das ist jetzt aber sehr enttäuschend, Kimba", sagt Tina. „Gerade gestern habe ich die gute Arbeit deiner Abteilung noch beim Top-Lion-Management gelobt und jetzt diese Schlamperei." Kimba merkt, dass ihm warm wird in seinem Fell. Die Situation ist ihm sehr peinlich. Er tritt einen Schritt von den Zahlen auf der Leinwand zurück, um Abstand zu gewinnen. Er atmet ruhig und langsam ein und aus. Dann sagt er schließlich: „Tatsächlich, die Zahlen sind falsch. Das ist nicht die Qualität, die wir von uns selbst erwarten. Es tut mir leid, aber hier ist offenbar ein Fehler passiert." Kimba beendet die Besprechung vorzeitig und verspricht Tina, dass er die korrekten Zahlen schnellstmöglich per Lion-Mail senden wird. Während er anschließend seinen Laptop wieder einpackt, hört er ein Räuspern hinter sich. Es ist Hans Hakuna. „Tut mir leid, Chef", sagt er, „da hab ich wohl zu schnell gespeichert und nicht mehr Korrektur gelesen." Kimba merkt, dass er sich über Hans ärgert. Nach dem Motivations- und dem anschließenden Feedbackgespräch hätte er sich erhofft, dass Hans seine Arbeit wieder mit der alten Zuverlässigkeit und Qualität erledigt, vor allem auch, weil Kimba ihm bei einigen Analysen persönlich geholfen hat. Seine Antwort wägt er vorsichtig ab: „Lass uns darüber bitte in Ruhe sprechen. Inzwischen erkenne ich ein doch ernsthafteres Problem." Für den folgenden Tag vereinbart er mit Hans einen Gesprächstermin und geht nun erst einmal in sein Büro zurück, um Tina die tatsächlichen Marktdaten herauszusuchen.

Das Gespräch mit Hans bereitet Kimba ebenfalls noch am Nachmittag vor. Das Feedbackgespräch mit Hans hat, ebenso wie das vorhergegangene Motivationsgespräch, offenbar nicht den gewünschten Effekt gehabt. Als dritten von fünf Gesprächstypen findet Kimba in seinen Unterlagen das „Kritikgespräch".

Zum Gesprächsleitfaden gibt es in seinen Seminarunterlagen folgende Notizen:

> Eigene Beobachtungen und objektive Fakten mitteilen, am besten auch belegen. Mitarbeiter Gelegenheit zur Stellungnahme geben. Eigene Bewertung mitteilen. Mitarbeiter um Lösungsvorschläge bitten. Kontrollen vereinbaren. Gegebenenfalls Konsequenzen für nochmaliges Fehlverhalten vereinbaren. Ergebnis schriftlich dokumentieren.

Kimba liest noch einen Absatz weiter, in dem etwas über Kritikfähigkeit steht: „Aktive Kritikfähigkeit bedeutet, dass der Kritisierende über kompetentes Beurteilungsvermögen verfügt, konstruktiv bleibt und sozial kompetent kommuniziert. Passive Kritikfähigkeit bedeutet, dass der Kritisierte die Kritik konstruktiv aufnehmen kann, seine emotionale Reaktion kontrolliert und den Kritisierenden richtig einschätzt und versteht." Er notiert sich die wichtigsten Stichpunkte in sein Notizheft.

Kimba fühlt sich zwar gut vorbereitet, ist aber trotzdem nervös, als Hans am nächsten Morgen sein Büro betritt. Das Gespräch verläuft dann tatsächlich erstaunlich konstruktiv. Hans muss die Fakten, die Kimba ihm präsentiert hinnehmen und er gibt zu, dass er selbst erstaunt darüber ist, wie häufig er in den letzten Wochen Abgabetermine verpasst und fehlerhafte Analysen abgeliefert hat. Als Verbesserungsvorschlag bringt Hans die Idee eines Vier-Augen-Prinzips ins Spiel und schlägt vor, dass die Korrektur einer Analyse immer durch einen Kollegen erfolgen sollte, nicht durch den gleichen Analysten, der auch die Recherchen gemacht hat. Die Idee macht Sinn und Kimba notiert sie sich für die nächste Teambesprechung. Als es um die Konsequenzen geht, merkt Kimba, dass es ihm nicht leicht fällt, jetzt doch noch einmal streng zu werden. „Hans, auch wenn wir jetzt hoffentlich eine gute Lösung gefunden haben, möchte ich auch noch ganz klar sagen, dass es bei nochmaligen Verspätungen oder groben Fehlern eine Abmahnung geben wird." Hans blickt Kimba erstaunt an, er hätte nicht gedacht, dass die Sache so ernst ist. Er denkt kurz nach und antwortet dann: „Okay, ich verstehe. Ich habe Gnu-Mist gebaut. Aber ab jetzt wird es besser, du wirst schon sehen." Kimba hofft sehr, dass Hans mit seinen Worten Recht behalten wird.

14

Abmahngespräche: Nicht aus dem Fell fahren!

Lono

Personalöwnix hört Lono aufmerksam zu. Dessen Wut ist ihm auch heute, einen Tag nach dem Eklat in der Teambesprechung, noch deutlich anzumerken. „So eine Respektlosigkeit kann sich doch wohl niemand gefallen lassen! Und mich dann auch noch vor dem gesamten Team so bloßzustellen! Das ist ein absolutes Unding!"

„Ich kann deinen Ärger verstehen", stimmt Personalöwnix ihm zu. „Alles, was du schilderst – die nachlassenden Leistungen, das aufbrausende Verhalten und schließlich die unzuverlässige Fehlerkorrektur – ist wirklich ernst zu nehmen. Und du hast ja auch schon mehrfach mit Lars darüber gesprochen, richtig?" „Allerdings! Und ich habe die Schnauze voll, das muss jetzt richtige Konsequenzen haben. Am liebsten würde ich ihn sofort rauswerfen." „Langsam, langsam, lieber Lono", beschwichtigt Personalöwnix, „so einfach wirft man niemanden raus. Außerdem ist Lars Lichtblick nach wie vor ein fähiger Mitarbeiter auf einem wichtigen Posten." „Aber ungeschoren kommt er mir nicht davon", faucht Lono, „eine Abmahnung ist das Mindeste, was er nun erwarten kann." „Einverstanden, für eine Abmahnung sehe ich tatsächlich auch eine ausreichende Grundlage. Dazu müssen wir aber auch ganz korrekt vorgehen, denn die Abmahnung hat auch arbeitsrechtlich eine Bedeutung", erklärt Personalöwnix und fährt fort: „Die Abmahnung muss sich klar auf konkretes Fehlverhalten beziehen und darf nicht einfach pauschal formuliert werden. Im Gespräch muss deutlich gemacht werden, was nun exakt vom Mitarbeiter erwartet wird, und es müssen auch die Konsequenzen für erneutes Fehlverhalten erklärt werden." „Erneutes Fehlverhalten, ha!", schnaubt Lono. „Wenn er das nochmal macht, dann fliegt er!" „Wichtig ist vor allem, dass man sachlich und klar bleibt. Im Abmahngespräch ist kein Platz für Emotionen", beschwichtigt Personalöwnix. „Außerdem muss die Abmahnung nachweisbar angekommen sein, damit sie später im Falle einer möglichen Kündigung auch Bestand hat." Lono ist nicht ganz überzeugt. Er fühlt sich nach wie vor in seiner Ehre gekränkt und möchte durch die Abmahnung auch eine persönliche Genugtuung erhalten. Davon sagt er jetzt aber nichts. „Diese Personalheinis sind sowieso alle total weichgespült", findet er. „Wenn die voll im Rangordnungskampf stünden, würden sie auch mal Krallen zeigen." „Lono, hörst du mir noch zu?", reißt ihn Personalöwnix aus seinen Gedanken. „Wir sollten uns noch einen Gesprächsleitfaden notieren und absprechen, wer welchen Part übernimmt." „Auch das noch", denkt Lono, „jetzt will der auch noch mit dabei sein."

Am Nachmittag treffen sich Lars Lichtblick, Lono und Personalöwnix zur Besprechung im Personalbüro. Personalöwnix übernimmt die Einleitung: „Lars, wir haben dich zum Gespräch gebeten, weil deine Leistung und dein Verhalten in letzter Zeit nicht immer den von Tiger & Meyer gestellten Ansprüchen genügen. Hier ist eine Liste mit konkreten Fällen, in denen deine Arbeit fehlerhaft war, zu spät abgeliefert wurde oder beides zusammen." Personalöwnix schiebt Lars eine Liste zu, die dieser eingehend betrachtet. Nun übernimmt Lono wie besprochen die Gesprächsleitung. „Ist dir klar, dass es so nicht gehen kann?", fragt er. Lars nickt mit dem Kopf und sagt: „Ja, klar, das muss sich verbessern, das sehe ich ein." „Gut", sagt Lono, „das muss sich verbessern und es darf auch nicht wieder vorkommen. Ich habe hier eine schriftliche Abmahnung und möchte auch ganz deutlich machen, dass ein erneutes Fehlverhalten zu einer Kündigung führen wird." Lars schaut erschrocken und fragend Personalöwnix an, der ernst mit dem Kopf nickt. Das Gespräch sollte an dieser Stelle zu Ende sein. Alles ist gesagt und verstanden worden, der Ton ist sachlich geblieben. „Ein professionelles Abmahngespräch", denkt sich Personalöwnix. Aber gerade, als er seine Unterlagen zusammenräumt, meldet sich Lono noch einmal zu Wort. „Ich möchte auch noch hinzufügen, dass ich zwischenlöwisch sehr enttäuscht von dir bin", sagt er nun. „Es ist ein echt starkes Stück, das du dir da geleistet hast. So schnell wird darüber kein Steppengras wachsen." Lars holt tief Luft, aber Personalöwnix ist schneller: „Bevor es jetzt doch noch persönlich wird, sollten wir allen Beteiligten die Möglichkeit geben, eine Nacht darüber zu schlafen. Und falls ihr beide morgen noch Gesprächsbedarf haben solltet, dann biete ich mich als Mediator an." Lono und Lars winken dankend ab.

In den nächsten Wochen und Monaten gibt es keine weiteren Probleme mit Lars. Das Verhältnis zwischen Lono und Lars bleibt ausnahmslos professionell. Nach etwa neun Monaten kündigt Lars schließlich sein Arbeitsverhältnis bei Tiger & Meyer. Er wird eine Position mit Leitungsfunktion bei einem Mitbewerber übernehmen.

Kimba

Personalöwnix hört Kimba aufmerksam zu, während dieser die Situation erklärt. „Ich habe mit Hans schon drei Gespräche geführt. Ein Motivationsgespräch, ein Feedbackgespräch und auch ein Kritikgespräch. Ich habe sachlich und klar gesprochen und wir haben gemeinsam Lösungswege vereinbart. Trotz allem ist jetzt schon wieder ein gravierender Fehler passiert." „Ich kann deine Sorge verstehen", stimmt Personalöwnix ihm zu. „Alles, was du schilderst – die nachlassenden Leistungen, die Fehler, die Unzuverlässigkeit – ist wirklich ernst zu nehmen und insgesamt auch ein klarer Abmahnungsgrund." „Eigentlich fühle ich mich nicht gut dabei", muss Kimba zugeben, „ich mag Hans und er ist ein guter Kerl. Ihm jetzt mit Kündigung zu drohen, scheint mir ehrlich gesagt zu hart." „Die Entscheidung kann ich dir nicht abnehmen, Kimba", sagt Personalöwnix, „aber es muss auch nicht gleich eine Kündigung im Raum stehen. Eine Konsequenz aus der Abmahnung könnte bei einem erneuten Fehlverhalten auch der Entzug der Projektverantwortung sein. Dann müsste Hans eben wieder unterstützend arbeiten." Kimba und Personalöwnix beschließen, dass die Abmahnung gegenüber Hans sinnvoll ist. Erstens hat Kimba es bereits im letzten Gespräch mit Hans so angekündigt und zweitens ist es aus Sicht des Unternehmens der gebotene Schritt.

Kimba fühlt sich jedoch noch immer sehr unwohl damit und spürt, dass sein Magen sich verkrampft. Er erinnert sich daran, dass in seinem Führungskräftetraining auch ein telefonisches Coaching enthalten war, das er bisher noch nicht in Anspruch genommen hat. Tatsächlich hat er Glück und der Führungscoach, der damals auch das Seminar geleitet hat, ist kurzfristig für ein Gespräch verfügbar. Kimba schildert den Fall. „Was möchtest du denn durch dieses Coaching erreichen?", fragt Sebastian Löwenbach. Kimba weiß keine rechte Antwort auf diese Frage. Die Abmahnung hält er für gerechtfertigt, er traut sich auch zu, das Gespräch zu führen. „Ich würde mich einfach gerne besser damit fühlen", sagt er schließlich und ist unsicher, ob das vielleicht eine zu unreife Aussage ist. Die Antwort von Sebastian erleichtert ihn: „Ja, das höre ich sehr oft in den Coaching-Gesprächen. Es ist in der Tat eine große Herausforderung, seine persönlichen Gefühlen als Löwe auf der einen Seite und die professionelle Funktion als Führungskraft auf der anderen Seite zu trennen." „Dann ist es also normal, dass ich mich jetzt so fühle?", fragt Kimba nach. „Es ist vielleicht nicht normal, aber es ist typisch für diese Situation." Das Gespräch entwickelt sich mit zunehmender Leichtigkeit. Kimba findet für sich die Metapher des Fairplay. Beim Löwenball zum Beispiel, bekommt ein Spieler eine gelbe Karte, wenn er sich unfair verhalten hat. Die gelbe Karte ist nichts weiter als eine offizielle Verwarnung und Kimba weiß, als großer Löwenballfan, dass es viel mehr gelbe Karten als Platzverweise gibt. Vor allem findet er, dass ein Schiedslöwe im Spiel die Spieler auch nicht mit Samtpfoten anfassen sollte. Klare Linien, faire Entscheidungen und konsequentes Auftreten sind wichtig. „Siehst du? Und soweit ich es richtig verstanden habe, hast du all dies berücksichtigt. Du hast Hans klare Richtlinien geboten, hast nun eine faire Entscheidung getroffen und es scheint mir inzwischen so, als könntest du im kommenden Gespräch auch konsequent auftreten." Kimba stimmt zu. Er fühlt sich nun ganz klar in seiner Rolle und gut auf das morgige Gespräch vorbereitet. Er bedankt sich bei seinem Coach und freut sich auf den Feierabend mit seiner Familie.

Am nächsten Morgen eröffnet Personalöwnix das Gespräch und erklärt Hans die konkreten Vorwürfe. Kimba übernimmt danach die Gesprächsführung und vergewissert sich, dass Hans das Problem voll verstanden hat. Als Konsequenz für den Fall, dass keine Verbesserung eintritt, erklärt Kimba wie besprochen den Entzug der Projektleitung. Hans versteht und unterzeichnet die schriftliche Abmahnung für die Personalakte. Personalöwnix beendet das Gespräch.

Kimba hätte Hans noch gerne gesagt, dass es nicht um Persönliches gehe, dass die Abmahnung aus Firmensicht notwendig war und dass er ihn gut leiden könne. Aber er weiß, dass sich ein Schiedslöwe im Löwenball auch nicht für gelbe Karten entschuldigt.

In den nächsten Wochen und Monaten gibt es keine weiteren Probleme mit Hans. Das Verhältnis zwischen Kimba und Hans verbessert sich zusehends, auch wenn es nicht mehr ganz so flapsig zugeht wie vorher. Nach etwa neun Monaten erhält Hans für eine besonders detaillierte Analyse ein großes Lob von Tina Tiger und darf auf der Jahreshauptversammlung einen Vortrag zu seinen Ergebnissen halten. Kimba ist stolz und sieht in Hans einen seiner besten Mitarbeiter.

15

Wertschätzende Trennungskultur: Wenn der Löwe nicht (mehr) zum Rudel passt!

Lono

Seit dem Abmahngespräch mit Lars Lichtblick sucht Lono häufiger den Rat von Personalöwnix, wenn er ein Gespräch vorbereiten will. Immerhin hat Lono sich für seine Karriere noch viel vorgenommen und da kann es nicht schaden, Tipps von einem erfahrenen Profi in Führungsfragen zu bekommen, kalkuliert

Lono. Es freut ihn darum sehr, dass Personalöwnix ihn gebeten hat, bei einem Trennungsgespräch anwesend zu sein. „Es geht um eine Mitarbeiterin aus dem Kundenservice, Anti Lope. Eigentlich ist sie Tina Tiger unterstellt, aber die beiden haben sich schon ausführlich über die Gründe der Trennung unterhalten. In unserem Gespräch geht es vor allem darum, möglichst viel von Anti Lope zu lernen und ihr persönliches Wissen für das Unternehmen zu sichern. Dieser Vorgang nennt sich Exit-Interview", erklärt Personalöwnix. „Was soll man von dieser Savannenzicke denn jetzt noch lernen?", fragt sich Lono. „Sie ist doch sowieso immer gegen alles und hält mit ihrer Meinung nie zurück. Außerdem soll man Reisende bekanntlich nicht aufhalten. Wer gehen will, soll gehen, und zwar schnellstmöglich." Als er aber später nach dem Begriff „Exit-Interview" im Lion-Net sucht, findet er einen sehr aufschlussreichen Artikel in Löwipedia. Er lernt, dass scheidende Mitarbeiter häufig sehr offen ihre Meinung sagen, denn sie haben ja nun nichts mehr zu verlieren. Und auch die Grundidee für die Gesprächsstruktur findet Lono erstaunlich hilfreich und einprägsam:

1. Was sollte verbessert werden?
2. Was sollte geändert werden?
3. Was sollte beibehalten werden?

Genau nach dieser Struktur führt Personalöwnix das Gespräch am nächsten Tag. Nach einer kurzen Einleitung spricht er Anti Lope direkt auf deren Erfahrungen als Mitarbeiterin bei Tiger & Meyer an und fragt nach Verbesserungsvorschlägen. „Alles muss in diesem Laden verbessert werden", beschwert sich Anti Lope sofort, „vor allem aber die Kommunikation. Hier weiß doch die rechte Tatze nicht, was die linke tut." Personalöwnix hakt konkret nach und notiert sich viele Punkte in sein Notizbuch. Dabei bleibt er weiter aufmerksam, fragt interessiert nach und ermutigt Anti Lope zum Weitersprechen. Lono ärgert sich über ihren abfälligen Tonfall. Doch an der Kritik, das muss er eingestehen, ist tatsächlich etwas dran. Auch er wünscht sich oft eine besser fließende Kommunikation, gerade zwischen dem Top-Lion-Management und den leitenden Mitarbeitern. Zum Beispiel hat er sich gerade erst letzte Woche darüber geärgert, dass er vom Verkauf der Zweigstelle in Lasien nur durch Zufall erfahren hat. So etwas müsste doch offiziell kommuniziert werden, findet er.

Anti Lopes Antwort auf Frage zwei reißt Lono sofort aus seinen Gedanken. „Was geändert werden sollte, ist die interne Software. Viel zu umständlich, viel zu sperrig, viel zu kompliziert. Damit kommt doch kein Warzenschwein klar!" Lono holt Luft, um sein Projekt zu verteidigen, aber ein mahnender Blick von Personalöwnix gibt Lono zu verstehen, dass er jetzt besser zuhören sollte, statt eine Diskussion zu beginnen.

„Warum kann man den Mitarbeitern nicht einfach nur die Programm-Module freischalten, die sie auch wirklich benötigen?", fragt Anti Lope. „Und im Intranet ist immer totales Chaos. Das müsste nach Abteilungen und Standorten sortiert sein. Was interessiert mich denn die Planung zum Wandertag in Lamerika oder die Urlaubsvertretungen in Lafrika?" Lono ist erstaunt. „Da hat sie tatsächlich Recht", denkt er sich, nimmt sich schnell einen Stift und einen Zettel von Personalöwnix´ Schreibtisch, fängt an, sich ebenfalls Notizen zu machen und fragt an manchen Stellen sogar genauer nach. Einmal bedankt er sich sogar für die Offenheit.

Auf die Frage, was bei Tiger & Meyer beibehalten werden sollte, fällt Anti Lope nur eine Antwort ein: „Der vegetarische Freitag in der Kantine. Den könnte man ruhig jeden Tag veranstalten." Lono schüttelt sich. Freitags bringt er sich sein Zebrabrötchen immer selbst mit.

Im Anschluss an das Gespräch sitzen Lono und Personalöwnix noch einen Moment beisammen und tauschen sich aus. „Es ist immer wieder erstaunlich, wie viel man durch die Perspektive eines anderen lernen kann." „Klar", sagt Lono, „wenn der eigene

blinde Fleck beleuchtet wird, dann löst das häufig einen Lern-
und Verbesserungsprozess aus." Diesen Satz hat er im Zusammenhang mit dem Sahari-Fenster gelesen.

„Könntest du dir vorstellen", fragt Personalöwnix vorsichtig,
„auch Feedback von deinen Mitarbeitern und Kollegen einzu-
holen?" „Selbstverständlich!", erklärt Lono. „Nur so können wir
doch herausfinden, wie unser technischer Support verbessert
werden kann." „Das ist schon richtig", fährt Personalöwnix fort,
„ich meinte aber nicht das Feedback zur Arbeit eurer Abteilung,
sondern konkret zu dir selbst als Führungskraft. Wir überlegen
nämlich gerade, für alle Führungskräfte eine Feedbackaktion umzusetzen."

Lono spürt, dass er nervös wird. Konkretes Feedback über ihn
selbst als Führungskraft? Wer bitte soll ihn denn da vernünftig
bewerten? Seine Mitarbeiter haben ja keine Ahnung, unter welchem Stress er manchmal steht und warum er nicht immer nur
der freundliche Kuschellöwe sein kann. „Ich weiß, dass dieser
Schritt Mut erfordert", hört er Personalöwnix sagen. „Mut habe
ich!", gibt Lono sofort zurück. Wäre ja noch schöner, wenn er vor
seinen eigenen Mitarbeitern Angst hätte.

Kimba

Seit einigen Monaten trifft sich Kimba häufiger mit Personalöwnix und Leo Pardo, dem Leiter der zentralen Lion-Entwicklung. Sie besprechen das geplante Projekt zur strategischen Führungskräfteentwicklung und planen konkrete erste Maßnahmen. Auch Tina Tiger ist inzwischen davon überzeugt, dass es bei Tiger & Meyer eine wohldurchdachte und vor allem auch im Alltag gelebte Führungskultur geben sollte. Als erster Projektschritt ist nun ein 360-Grad-Feedback für alle Führungskräfte geplant. Dazu sollen Fragebögen erstellt werden, die die vier Kompetenzbereiche Fachkompetenz, Sozialkompetenz, Selbstkompetenz und Methodenkompetenz mit mehreren Fragen beleuchten. Diese Fragebögen sollen dann für jede Führungskraft jeweils von untergebenen Mitarbeitern, gleichgestellten Kollegen und hierarchisch Vorgesetzten ausgefüllt werden. Eine Rundum-Bewertung soll es sein, 360-Grad. „Lono hat schon zugestimmt, dass er mitmachen würde", erklärt Personalöwnix seinen Kollegen. Kimba freut sich über diese Nachricht. Er ist selbst ein bisschen nervös bei dem Gedanken, sich offiziell bewerten zu lassen.

Im Anschluss an die Besprechung bittet Personalöwnix Kimba, am kommenden Tag bei einem Trennungsgespräch dabei zu sein. „Es geht um einen Mitarbeiter aus der Finanzabteilung, Richard Löwenscherz. Eigentlich ist er zwar Bertram Bubo unterstellt, aber der ist für zwei Monate in Kur und ich habe seine Stellvertretung übernommen. Richard hat schon zwei Abmahnungen erhalten und eine Zusammenarbeit macht nach den letzten Vorfällen einfach keinen Sinn mehr. Er kann einfach nichts wirklich ernst nehmen und gerade beim Thema Finanzen ist mit dem Top-Lion-Management wirklich nicht zu spaßen."

Als Kimba später nach dem Begriff „Leitfaden Kündigungsgespräch" im Lion-Net sucht, findet er einen sehr aufschlussreichen Artikel in Löwipedia. Die Grundidee für die Gesprächsstruktur ist hilfreich und einprägsam:

1. Kündigung und Kündigungsgrund klar und deutlich aussprechen;
2. auf Reaktion des Mitarbeiters reagieren (keine Diskussionen!);
3. weiteres Vorgehen klären.

Genau nach dieser Struktur leitet Personalöwnix auch das Gespräch am kommen Tage ein. „Richard, du hast schon zwei Abmahnungen wegen mangelnder Ernsthaftigkeit erhalten und nun hast du letzte Woche in der Monatsabrechnung den frei erfundenen Posten „Clownsnasen für Top-Lion-Management" mit einer Million Leuro verbucht. Ich kündige darum das Arbeitsverhältnis fristgerecht zum 31.08. dieses Jahres." Kimba ist erstaunt, wie scheinbar gelassen Richard Löwenscherz die Nachricht zunächst aufnimmt. „Das trifft sich gut", antwortet dieser, „dann bin ich ja noch beim Sommerfest dabei. In welcher Abteilung soll ich dann ab September weitermachen?" „Richard, du wirst das Unternehmen Tiger & Meyer ganz verlassen", erklärt Personalöwnix, „wir unterstützen dich gerne bei deiner Suche nach einer neuen Anstellung. Für Vorstellungsgespräche und Auswahlverfahren kannst du gerne Sonderurlaub erhalten." „Kann ich auch noch Sonderurlaub für eine Serengeti-Safari bekommen?" „Nein." „Ich würde dich auch mitnehmen." Richard grinst Personalöwnix an. Dieser schweigt und hält dem Blick stand. Richard wird jetzt ernster. „Ja, okay, ich verstehe", sagt er, „vielleicht sind Finanzen einfach nicht mein Ding. Außer natürlich, wenn es um meine Privatmillionen geht", fügt er augenzwinkernd hinzu. Kimba versteht jetzt, warum Richard wirklich nicht der richtige Löwe für den Posten ist. Er ist beeindruckt davon, mit welcher Ruhe und Geduld es Personalöwnix gelingt, die Formalitäten zur Übergabe von Richards Aufgaben sowie zu den Themen Abfindung und Resturlaub zu klären.

Nach dem Gespräch ist Kimba noch mehr davon überzeugt, dass Tiger & Meyer eine verbesserte Führungskultur braucht. Er hat in den letzten Wochen und Monaten viele Situationen erlebt, in denen das Führungsverhalten entweder klar zu den Ursachen des Problems gehörte oder einen wichtigen Teil der Lösung ausgemacht hat. Er beschließt, sich noch stärker für dieses strategische Ziel einzusetzen und Personalöwnix und Leo Pardo nach Kräften zu unterstützen.

16

Löwen sind lernfähig, aber nicht belehrbar!

Lono

Die leitenden Angestellten von Tiger & Meyer besuchen gemeinsam ein Seminar zum Thema Teamführung. TEAM – diese vier Buchstaben standen für Lono bisher immer für „Toll, Ein Anderer Macht's". Denn bisher bestand die Zusammenarbeit mit seinen Mitarbeitern lediglich darin, Aufgaben zu delegieren und Ergebnisse zu kontrollieren. Wie Lono nun aber lernt, ist ein Team viel mehr als nur eine Gruppe von Mitarbeitern, die nebeneinanderher arbeiten. Ein Team arbeitet miteinander an einem gemeinsamen Ziel. „Schön wär's", denkt sich Lono, „die sind doch froh, wenn sie ihre eigenen Aufgaben im Griff haben. Wen habe ich überhaupt in meinem sogenannten Team?", fragt er sich. „Da ist Lars Lichtblick, der zwar inzwischen seinen Job halbwegs gut macht, aber seit unserem letzten Gespräch kaum ein Wort mit mir spricht. Dann wäre da noch mein alter Kumpel Willy Wolf. Der ist zwar ein echter Partylöwe, aber auf der Arbeit auch nicht gerade ein High-Performer. Und Leopold, meinem sogenannten Assistenten, traue ich kaum über den Weg. Dazu kommen dann noch ein paar Programmierer und zwei Support Mitarbeiter, das war's. Eine tolle Mannschaft habe ich da zugeteilt bekommen."

Lono grübelt weiter. Irgendetwas muss er doch tun können, damit seine Mitarbeiter besser zusammenarbeiten und ihn dadurch auch mehr entlasten. Es ist ja nicht so, dass er kein guter Chef wäre. Er findet sich hart, aber fair und denkt auch immer daran, regelmäßig zu loben. Im Teamführungsseminar hat Lono etwas über die Phasen der Gruppenbildung gehört. Forming, Storming, Norming, Performing und Adjourning. So hatte Bruce Wolfman die einzelnen Abschnitte im Teambildungsprozess getauft. „Okay, ich denke, dass wir dann wohl ganz vorne anfangen", schätzt Lono die Situation richtig ein. „Aber wie gehe ich das ,Forming' sinnvoll an? Wie erkläre ich meinen Mitarbeitern am besten, dass sie ab jetzt ein Team sein sollen?"

„Guten Morgen", beginnt Lono die kurzerhand einberufene Besprechung, „mir ist aufgefallen, dass wir hier in dieser Abteilung nicht so effektiv zusammenarbeiten, wie ich es mir wünsche. Darum erwarte ich von euch, dass ihr ab heute mehr Teamgeist zeigt." Lars Lichtblick rollt mit den Augen. Leopold seufzt und lehnt sich mit verschränkten Armen in seinem Stuhl zurück. Nur Willy scheint begeistert zu sein. „Super Idee, Freund Lono", ruft er ihm aufmunternd zu. Lono fährt fort und erklärt in der nächsten Stunde, was er alles über Teambildung gelernt hat. „Es ist ganz wichtig, dass ihr das gemeinsame Ziel immer vor Augen habt", sagt er und doziert weiter: „Am Anfang steht das Forming. Das bedeutet, ihr müsst euch selbst als Teil eines Teams betrachten. Danach werden sicher viele Unklarheiten aufkommen, das nennt man die Storming-Phase. Aber keine Sorge, im nächsten Schritt kommt das Norming, da erkläre ich euch dann die Regeln und schon kommen wir in die Performing-Phase, in der dann alles wie am Schnürchen läuft." Lono ist stolz auf seine Erklärung. Hätte er allerdings im Seminar besser zugehört oder die Unterlagen noch einmal durchgelesen, so wäre ihm sicher aufgefallen, dass ein Team nicht wie ein Kaffeeautomat bedient werden kann. Jede Phase braucht Zeit und muss wachsen. Regeln der Zusammenarbeit entstehen meist erst durch die Zusammenarbeit und eine Performing-Phase lässt sich nicht herbeireden.

Nach insgesamt fast eineinhalb Stunden verlassen die Mitarbeiter erschöpft den Besprechungsraum. „Was für eine langatmige Ansprache! Ich fühle mich, als hätte man mich mit dem Betäubungsgewehr erwischt", raunt Lars beim Rausgehen einem der anderen Programmierer zu. „Aber echt", entgegnet dieser, „worum ging es eigentlich genau?"

Zwei Wochen später sitzt Lono bei Personalöwnix. „Das Seminar zur Teamarbeit war ein Reinfall", klagt Lono sein Leid. „Hat alles mal wieder nichts gebracht, obwohl ich lang und breit erklärt habe, worauf es bei der Teamarbeit ankommt." „Lono, Löwen sind lernfähig, aber nicht belehrbar", teilt ihm Personalöwnix mit. „Den Teambildungsprozess kannst du nicht von außen vorgeben, du kannst höchstens die richtigen Gelegenheiten schaffen, um deinen Mitarbeitern zu ermöglichen, ein echtes Team zu werden."

Lono ist nicht überzeugt. Er findet das alles viel zu umständlich. „Viel Gerede um Nichts. Das ist nicht wirklich mein Ding", denkt er sich. „Klare Ansagen und dann ran an die Arbeit", das war schon immer sein Motto.

Kimba

Die leitenden Angestellten von Tiger & Meyer besuchen gemeinsam ein Seminar zum Thema Teamführung. „TEAM – diese vier Buchstaben stehen für Taten + Ergebnisse Abgestimmter Mannschaften." Diesen Spruch hat sich Kimba in sein Notizbuch geschrieben. Er hat im Laufe des Seminars vor allem die Einsicht gewonnen, dass ein Team durch das gemeinsame Ziel definiert wird und dass der Teambildungsprozess gut begleitet werden muss. Kimba überlegt, wie das gemeinsame Ziel der Abteilung Strategische Entwicklung wohl am besten formuliert werden könnte. Doch halt, es macht ja viel mehr Sinn, wenn das Team selbst eine Antwort auf diese Frage erarbeitet! „Löwen sind lernfähig, aber nicht belehrbar", so lautet ein altbekannter Slogan der Löwenbildung. „Ich sollte also nicht das Ergebnis liefern", folgert Kimba, „sondern die Rahmenbedingungen für den Teamprozess." Kimba denkt weiter nach: „Wen habe ich denn eigentlich in meinem Team? Da ist mein treuer Assistent Leandro und sein eifriger Nachfolger Jano Jaguar. Die beiden arbeiten inzwischen schon wirklich gut zusammen. Dann ist da noch der Analyst Bob Cat und schließlich Hans Hakuna. Beide haben sich nach einigen Problemen wieder gut gefangen und gehören zu den zuverlässigsten Mitarbeitern." Kimba geht im Kopf der Reihe nach noch die anderen Mitarbeiter durch. „Es war zwar nicht immer leicht gewesen", resümiert er, „aber diese Mannschaft hat großes Potenzial!"

„Guten Morgen", beginnt Kimba die Besprechung, für die er in der folgenden Woche einen ganzen Vormittag angesetzt hat. „Vielen Dank, dass ihr alle gekommen seid. Heute geht es um ein besonderes Thema. Es geht um uns alle und um die Frage, wie wir unsere Zusammenarbeit als Team weiter verbessern können." Er hat sich vorgenommen, seinen Redeanteil in der Besprechung zu minimieren und seinen Mitarbeiter mehr Möglichkeiten zum Austausch zu geben. Als Leitfaden hat er vier Fragen nach der EGAL-Methode an vier Pinnwände geheftet. Dort steht zu lesen: „E steht für Ergebnis. Welches Ergebnis wollen wir mit unserer Arbeit erreichen?"

„G steht für Grund. Aus welchem Grund ist es für uns wichtig, das Ergebnis zu erreichen?"

„A steht für Action. Was müssen tun, um der Ergebnis zu erreichen?"

„L steht für Leverage (Hebelwirkung). Wie können wir die Effektivität unserer Aktionen erhöhen?"

„Bitte diskutiert diese Fragen in Dreiergruppen und schreibt eure Ideen auf die bunten Kärtchen, die ihr auf den Tischen findet. Anschließend könnt ihr die Kärtchen an die Pinnwand zur passenden Frage heften." Kimba überlässt jetzt seinen Mitarbeitern das Feld. Sie finden sich in Gruppen zusammen und nach anfänglichem Zögern und kurzen Fragen zur Aufgabenstellung diskutieren sie immer lebhafter und schreiben viele Begriffe auf die Moderationskarten. Kimba führt weiter durch die Bespre-

chung, indem er die Ergebnisse in der gesamten Runde diskutieren lässt und die sich daraus ergebenden Fragen nochmals an
kleinere Gruppen übergibt. Im Laufe des Vormittags entsteht
auf diese Weise ein immer klareres Bild der Ziele, Aufgaben und
Arbeitsprozesse. Kurz vor der Mittagspause einigen sich alle gemeinsam auf ein klares Resultat. „Wir sehen uns als Schnittstelle
zwischen der internen Optimierung und den externen Einflüssen, mit dem Ziel die maximale Wettbewerbsfähigkeit von Tiger
& Meyer sicherzustellen. Gemeinsam liefern wir wesentliche Informationen für strategische Entscheidungen und ermöglichen
Prozesse zur operativen Umsetzung. Dazu müssen wir die Entwicklungen am Markt genau kennen und auch die Bedürfnisse aller Abteilungen in unserem Hause. So leisten wir wertvolle
Beiträge sowohl für die Entwicklung als auch für die Umsetzung
einer zukunftsweisenden Gesamtstrategie von Tiger & Meyer."
Jano Jaguar liest stolz dieses Ergebnis vor. Kimba ist begeistert.
Für das anschließende gemeinsame Mittagessen hat er extra einen
großen Tisch in der Kantine reserviert.

Zwei Wochen später sitzt Kimba bei Personalöwnix und berichtet ihm von seinen Erlebnissen. „Sehr gut", lobt der Personal-
leiter, „du hast Betroffene zu Beteiligten gemacht und dadurch
einen optimalen Teamprozess ausgelöst."

17

Gestalte Meetings als Erfolgsbeschleuniger!

Lono

Es ist 9 Uhr früh am Montagmorgen. Lono sitzt an seinem Schreibtisch, um die wöchentliche Teambesprechung vorzubereiten. Meetings sind für Lono ein Graus. „Viele gehen rein, nichts kommt dabei raus", findet er. „Die reinste Zeitverschwendung, ein Horror!" Nachdem Lono sich ein paar Stichpunkte auf einen Schmierzettel notiert hat, geht er zum Besprechungsraum, wo schon Willy Wolf auf ihn wartet. „Hey, alter Kumpel", ruft er schon von weitem über den Flur, „der Raum ist besetzt." Sie beschließen noch fünf Minuten auf die anderen Teilnehmer zu warten und dann gemeinsam einen freien Raum zu suchen. Nach und nach kommen noch ein paar Mitarbeiter hinzu, aber Leopold und Lars erscheinen nicht. Lono erreicht Leopold auf dessen Liphone. „Wo steckst du denn schon wieder?", fragt er. „Wurde die Besprechung nicht verschoben?", entgegnet Leopold. „Letzte Woche hatten wir doch mittwochs das Meeting." „Nein, heute. Jetzt. Und finde uns einen Raum", antwortet Lono barsch. Es stresst ihn, dass schon zehn unproduktive Minuten verplempert wurden, sein gesamtes Team völlig unproduktiv auf dem Flur herumsteht und die Mitarbeiter anderer Abteilungen inzwischen fragende Blicke auf ihn werfen. Als Katja Katze im Vorbeigehen noch freundlich fragt, ob die Reisegruppe sich verlaufen habe, platzt Lono fast der Kragen.

Endlich sitzen alle um den Esstisch im Sozialraum, dem einzigen freien Zimmer, das sich so schnell organisieren ließ. Lono spult schnell die Informationen runter, die auf seinem Zettel stehen: „Lars, du musst noch den Virenscanner updaten. Leo, ich brauche den Bandbreiten-Bericht bis morgen Abend. Willy, du kannst am Freitag nicht frei nehmen, da die Serverwartung für das Wochenende vorbereitet werden muss." Lono freut sich, dass er so schnell und effektiv kommuniziert hat, immerhin ist durch die Raumsuche und diverse Verspätungen die reguläre Besprechungszeit bereits überschritten. Er will gerade seine Sachen zusammenpacken, als sich Leopold schnell zu Wort meldet. „Was ist denn mit dem Entwicklungsprojekt für das neue Intranet?", fragt er. Lars ruft: „Ja, und ich brauche noch eine Entscheidung zur Telefonsoftware." „Wann machen wir denn mal wieder einen gemeinsamen Ausflug?", erkundigt sich Willy. Alle sprechen jetzt durcheinander und bis schließlich Ruhe eingekehrt ist und alle weiteren Themen abgearbeitet sind, vergeht tatsächlich noch eine ganze Stunde. Lono kann dieses unproduktive Gelaber absolut nicht ausstehen. Er versucht das Beste aus der Situation zu machen, indem er auf seinem Liphone schon einmal seine Lion-Mails checkt und die aktuellen Tagesnachrichten liest. „So, haben wir jetzt alles?", fragt er schließlich in die Runde und da sich niemand mehr zu Wort meldet, erklärt er die Sitzung für beendet. „Jede Woche das gleiche Drama", seufzt er in sich hinein und hetzt in sein Büro, gerade noch rechtzeitig zur Telefonkonferenz mit Lamerika.

Im Laufe der Woche melden sich immer wieder einzelne Mitarbeiter per Liphone, Lion-Mail oder sie platzen einfach unangemeldet in Lonos Büro, um sich noch einmal zu den Details ihrer Aufgaben rückzuversichern oder um ihre Version dessen mitzuteilen, was sie in der Besprechung verstanden haben. „Es ist wirklich wie im Kindergarten", denkt sich Lono, „wieso schreibt sich nicht einfach jeder auf, was er zu tun hat und erledigt dann professionell seine Arbeit?"

Als er beim Mittagessen seinen Frust mit Personalöwnix bespricht, gibt dieser ihm den guten Rat, die Besprechungsteilnehmer schon vorab um ihre Themenwünsche zu bitten und in jeder Besprechung einen Teilnehmer als Protokollführer zu bestimmen. Dadurch würden die Besprechungen sicher deutlich produktiver ablaufen. Lono bedankt sich für den Tipp und stellt fest, dass es vielleicht doch gar nicht so schwer ist, die Effizienz seiner wöchentlichen Besprechungen zu steigern.

Kimba

Es ist 9 Uhr früh am Montagmorgen. Jano Jaguar sitzt mit Kimba zusammen und bereitet mit ihm gemeinsam die wöchentliche Teambesprechung vor. Kimba erklärt Jano gerade, was er auf dem Teamführungsseminar gelernt hat. „Was mich seitdem fasziniert", berichtet er, „ist die Tatsache, dass jeder Mitarbeiter seine eigene Wirklichkeit konstruiert. Darüber hatte ich vorher noch nie so genau nachgedacht, aber es stimmt. Jeder einzelne hat nun einmal seine eigene Perspektive und zusammen müssen wir als Team aus den vielen einzelnen Wirklichkeiten der Mitarbeiter eine gemeinsame Vorstellung von Wirklichkeit erzeugen." Jano wird leicht schwindelig, während er diesen abstrakten Gedanken nachvollzieht, aber er versteht genau, was Kimba meint. „Darum", fährt Kimba fort, „sind unsere Wochenbesprechungen auch so wichtig. Dort schaffen wir eine gemeinsame klare Vorstellung von der Situation, den Zielen und den Aufgaben." „Und falls es unterschiedliche Wahrnehmungen und Meinungen gibt", ergänzt Jano, „können wir durch den gemeinsamen Austausch auch einen gemeinsamen Nenner finden." Kimba ist beeindruckt, wie schnell Jano ihn versteht. Die beiden haben in den letzten Tagen eine Checkliste für Meetings erstellt, die sie nun zur Vorbereitung der eigenen Besprechung testen wollen. Die Grundidee ist erstaunlich simpel: Vorbereitung, Umsetzung, Nachbereitung.

Kimba und Jano sehen in ihre Notizbücher und überlegen gemeinsam, welche Themen relevant sind. Natürlich gibt es die wöchentlichen Informationen zu laufenden Projekten und aktuellen Zahlen, aber es kommen auch noch aktuelle Ereignisse und einige organisatorische Punkte hinzu. „Was ist unser Ziel?", fragt Kimba. „Wollen wir nur informieren oder auch Meinungen abfragen, vielleicht sogar die ein oder andere gemeinsame Entscheidung treffen?" Sie besprechen die drei Optionen: informieren, diskutieren, entscheiden und notieren in der Liste der Besprechungsthemen jeweils ein passendes Kürzel. „Thema Urlaubsvertretung: Entscheidung treffen", liest Jano seine letzte Notiz vor. Unter seinen Lion-Mails hat sich Kimba auch noch zwei Themenwünsche von Mitarbeitern abgespeichert, die er ebenfalls mit auf die Liste nimmt. Gemeinsam gestalten Kimba und Jano die Tagesordnung und legen für jeden TOP, also jeden Tagesordnungspunkt, ein Ziel und auch eine Zeitdauer fest. „Die Zeiten sind nur zur Orientierung", erklärt Kimba, „aber falls ein Thema den Rahmen völlig sprengt, können wir überlegen, ob wir es zu einem späteren Zeitpunkt neu aufgreifen oder ob wir die Agenda ändern." Wie gewohnt, wird die Einladung zur Besprechung mit der fertigen Tagesordnung an alle Teilnehmer gesendet. Auch der Besprechungsort wird mitgeteilt, sowie die Start- und Endzeit des Meetings. Vor allem den Endzeitpunkt findet Kimba sehr wichtig. So können alle Beteiligten den Rest des Tages verbindlich planen und die Tendenz zu ausfernden Diskussionen wird klar reduziert. Die Teilnehmer erhalten diesmal auch schon vorab einige strategische Kennzahlen, damit sie sich besser auf die Besprechung vorbereiten können. Zum Schluss korrigieren Kimba und Jano noch die Lionpoint-Präsentation. „Moment", sagt Kimba plötzlich, „mir fällt da etwas ein, das wir noch nicht berücksichtigt haben: Welchen emotionalen Effekt soll die Besprechung auf das Team haben?" „Wie meinst du das?", hakt Jano nach. „Ich meine: Wie soll sich das Team insgesamt fühlen?", erklärt Kimba. „Sollen sie motiviert aus der Besprechung kommen oder nachdenklich? Beruhigt oder vielleicht sogar amüsiert? Man kann Besprechungen nicht nur auf der Sachebene vorbereiten, sondern man sollte auch die emotionale Ebene berücksichtigen." Jano nickt nachdenklich und gemeinsam beschließen sie, die kommende Besprechung auch emotional sehr professionell zu gestalten und das motivierende Gefühl eines effektiven Arbeitsflusses zu vermitteln.

Die Umsetzung des Wochenmeetings gelingt sehr gut. Ein paar Minuten für Smalltalk der Teilnehmer untereinander und einen kurze Begrüßung durch Kimba bilden die Formingphase. Es kommen in der Stormingphase zwei Fragen zu Details der Tagesordnung auf, die durch eine kurze Normingphase schnell geklärt sind. In der Performingphase werden die einzelnen Tagesordnungspunkte zügig präsentiert, besprochen und bei Bedarf entschieden. Kimba bedankt sich bei allen für die professionelle Mitarbeit und verabschiedet das Team freundlich in der Adjourningphase.

Jano hat bereits während der Besprechung die Entscheidungen protokolliert und verschickt kurz darauf ein sogenanntes 3W-Protokoll: Wer macht was bis wann?

18
Gestalte bewusst die Rudel-Kultur!

Lono

Je mehr sich Lono mit dem Thema Teamführung auseinandersetzt, umso mehr fasziniert ihn der enorme Einfluss von Führung

und Arbeitsklima auf die Produktivität und Zufriedenheit seiner Mitarbeiter. „Für die eigene Zufriedenheit ist jeder selbst verant-wortlich", das war früher sein Motto, „Bier ist Bier und Schnaps ist Schnaps." Doch inzwischen denkt er immer häufiger über den Zusammenhang von Arbeitsumfeld, Motivation und Leistung nach. Wenn er ehrlich zu sich selbst ist, muss er zugeben, dass das Klima in seiner Abteilung nicht optimal ist. Seine Mitarbeiter haben Angst vor Fehlern, drücken sich vor Verantwortung und schieben sich gegenseitig die Schuld zu. Es herrschen Neid und Misstrauen untereinander, die Fehltage häufen sich und über die vielen halb angefangenen, halb abgeschlossenen Projekte scheint kaum noch jemand den Überblick zu haben. „Ein Wunder, dass noch keine Katastrophe geschehen ist", muss Lono sich einge-stehen.

Er sucht den Rat von Personalöwnix und erklärt ihm sein Pro-blem. „Ich weiß", sagt Lono, „ich sollte ein positives und produk-tives Arbeitsklima herstellen. Aber ich weiß nicht wie. Manchmal denke ich, je mehr ich meinen Mitarbeitern von Vertrauen und Motivation erzähle, umso schneller tritt das Gegenteil ein. Selbst neue Mitarbeiter, die im Vorstellungsgespräch noch sehr moti-viert waren, passen sich in wenigen Wochen an den Status Quo an. Es ist zum Verzweifeln!" Personalöwnix denkt nach. Nach einer längeren Pause sagt er schließlich: „Kultur ist immer ein ge-meinschaftlich gelernter Zustand. Dabei ist es egal, ob es um die Landeskultur, die Unternehmenskultur oder, wie in deinem Fall, um die Abteilungskultur geht. Ganz oft wird kulturelles Denken, Fühlen und Handeln über Generationen weitergereicht, so wie du es bei deinen neuen Mitarbeitern beobachtest." Lonos Stirn liegt in Falten. Er ahnt, dass in diesen Worten eine wichtige Er-kenntnis für ihn verborgen ist, aber er kann die Botschaft noch nicht wirklich klar sehen. „Ich will dir eine Geschichte erzählen", fährt Personalöwnix fort. „In einer Verhaltensstudie wurde eine Gruppe von fünf Affen untersucht, die in einem gemeinsamen Gehege lebten." Lono freut sich, er mag Geschichten und Affen findet er enorm unterhaltsam. Personalöwnix fährt fort: „Man hat in diesem Gehege über Nacht einen Mast angebracht und oben auf dem Mast eine Banane platziert. Am nächsten Morgen sahen die Affen den Mast und die Banane. Was glaubst du, ist dann passiert?" „Ist doch klar, die Affen haben sich die Banane geholt." „Fast. Denn als der erste Affe den Mast berührte, wurde die ganze Affengruppe mit kaltem Wasser abgeduscht." Lono lacht kurz auf, als er sich vorstellt, wie belämmert die nassen Affen wohl aus dem Fell geschaut haben. „Und so ging es weiter. Jedes Mal, wenn ein Affe den Mast berührte, gab es eine kalte Dusche für alle." „Dann werden die Affen wahrscheinlich irgendwann die Versuche eingestellt haben", vermutet Lono. „Richtig", erklärt Personalöwnix weiter, „irgendwann hat es niemand mehr versucht. Aber dann hat man einen Affen aus der Gruppe gegen einen neuen Affen ausgetauscht, der von dem kalten Wasser nichts wusste. Nennen wir ihn Affe 1. Rate, was dann geschehen ist?" „Affe 1 ist den Mast hochgeklettert?" „Falsch. Beim ersten Versuch, den Mast zu besteigen, wurde Affe 1 von den anderen Affen nach Strich und Faden vermöbelt." Lono schüttelt den Kopf. Diese Affen! Er hört gespannt weiter zu. „Nun hat man den nächsten Affen ausgetauscht, also Affe 2 in die Gruppe gebracht. Und was geschah? Auch Affe 2 wurde vermöbelt und zwar nicht nur von den Affen mit der Wassererfahrung, sondern auch Affe 1 hat ihn begeistert mitvermöbelt. Und so ging es weiter mit Affe 3, Affe 4, Affe 5, bis niemand mehr versucht hat, an die Banane zu kommen." „Moment mal", fragt Lono nach, „auch als alle Affen ausgetauscht waren?" „Auch als alle Affen ausgetauscht waren. Vielleicht verstehst du jetzt, dass Kultur gelernt und weitergegeben wird. Kulturelles Denken, Handeln und Fühlen wird oft übernommen ohne überhaupt die Ursache zu kennen, geschweige denn, sie in Frage zu stellen."

Lono ist tief beeindruckt und denkt noch lange über diese Geschichte nach. „Diese Affen!", kichert er kopfschüttelnd.

Kimba

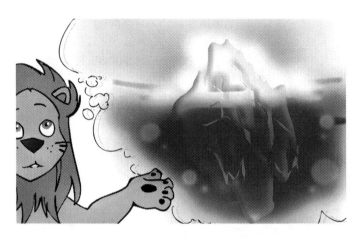

Je mehr sich Kimba mit dem Thema Teamführung auseinandersetzt, umso mehr fasziniert ihn der enorme Einfluss von Führung und Arbeitsklima auf die Produktivität und Zufriedenheit seiner Mitarbeiter. Von Anfang an hat Kimba in seiner Abteilung versucht, die Eigenverantwortung seiner Mitarbeiter zu stärken, die Kooperation untereinander zu fördern, Vertrauen aufzubauen und ein gemeinsames Identitätsgefühl zu schaffen. Selbstkritisch muss er zugeben, dass nicht alle seine Ideen funktioniert haben. Auch in seinem Team gibt es manchmal Missverständnisse und Reibereien. Trotzdem ist sich Kimba sicher: Der freundliche Umgangston, die Hilfsbereitschaft und auch die wenigen Fehltage seiner Mitarbeiter sprechen für ein positives Abteilungsklima.

In der nächsten Planungssitzung für das Projekt „Führungskompetenz bei Tiger & Meyer" bringt Kimba das Gespräch auf das Thema der Unternehmenskultur. Personalöwnix und Leo Pardo, die als Personalchef und Leiter der Lioning-Entwicklung ein großes Hintergrundwissen zu organisationspsychologischen Fragen haben, steigen sofort auf das Thema ein. „Das ist ein ganz wichtiger Punkt!", meldet sich Leo Pardo zu Wort. „Eine gute Unternehmenskultur schafft eine gemeinsame Identität, gemeinsame Werte werden gelebt, gemeinsame Glaubenssätze erleichtern die Verständigung. Es ist sehr wichtig, dass wir diese Punkte bei allen Fragen rund um die Führungskompetenz im Kopf behalten." „Identität, Werte, Glaubenssätze", denkt sich Kimba, „das sind ja die obersten Sprossen der Wunderleiter. Wahrscheinlich funktioniert auch ein Rudel nach ähnlichen Strukturen wie ein einzelner Löwe."

„Wir sollten uns vielleicht ein paar grundlegende Modelle aus dem Bereich der Unternehmenskultur ansehen", schlägt Personalöwnix vor. „Ich persönlich bin ein großer Fan von Edgar ‚Stachel' Schwein, der sehr anschauliche Bilder entwickelt hat, zum Beispiel das Eisbergmodell. Bei einem Eisberg ist nur etwa ein Achtel des gesamten Gebildes sichtbar, der Rest befindet sich unter Wasser, also im Verborgenen. Der sichtbare Teil kann zum Beispiel unser Firmengebäude sein: modern, effizient, innovativ. Oder es kann unsere Firmenbroschüre und die Lion-Net-Seite sein, beide vermitteln den gleichen Eindruck: modern, effizient, innovativ. Was man aber auch beobachten kann, ist das Verhalten unserer Mitarbeiter. Das ist nicht immer ganz so effizient und innovativ und wenn ich an unsere Serviceabteilung denke, dann will ich nicht wissen, welchen Eindruck wir tatsächlich beim Kunden hinterlassen. Jedenfalls nennt Edgar Schwein all das, was man sehen und beobachten kann, die Ebene 1.

Auf der nächsten Ebene, der Ebene 2, stehen die gemeinsamen Werte eines Unternehmens, das, was wir für gut und erstrebenswert, für moralisch richtig und sinnvoll halten. Diese Ebene liegt im Eisbergmodell halb sichtbar über der Wasseroberfläche, halb verborgen unter Wasser. Ich glaube, dass wir in diesem Punkt noch viel Verbesserungspotenzial bei Tiger & Meyer haben. Darum freue ich mich sehr über unser Führungsprojekt. Damit bietet sich endlich ein guter Anlass, die wichtigen Themen auf Ebene 2 zu bearbeiten." Personalöwnix scheint in Gedanken versunken zu sein. „Was ist denn nun mit dem Rest des Eisberges", will Kimba wissen, „mit dem Teil, der unter Wasser liegt?" „Wie bitte? Ach ja, Ebene 3. Also Ebene 3 bezeichnet das, was wir als selbstverständlich annehmen, unsere Grundannahmen über die Welt, die Löwen und andere Dinge, wie zum Beispiel die Zeit", erklärt Personalöwnix. „Das liegt so sehr im Verborgenen, dass es uns selbst nicht mehr auffällt."

Kimba findet das Eisbergmodell besonders aufschlussreich. „Es bringt also nicht viel, wenn man nur an der Spitze des Eisberges feilt, an die Basis kommt man aber auch nicht wirklich ran", fasst er zusammen. „Moment", meldet sich Leo Pardo zu Wort, „es bringt schon etwas, an Ebene 1 zu arbeiten. Und nur weil Ebene 3 so weit im Unbewussten liegt, heißt es noch lange nicht, dass man nicht auf Ebene 2 die gemeinsamen Wertvorstellungen und Denkmuster prägen könnte."

Kimba beginnt zu ahnen, welches Potenzial zur positiven Entwicklung in dem Veränderungsprojekt steckt. „Aber das ist doch ein fantastischer Ansatz, den wir da gefunden haben. Wenn wir die Führungskultur positiv verändern wollen, dann können wir doch da als Erstes ansetzten. Wir sollten unbedingt an einem gemeinsamen Führungsverständnis und den gemeinsamen Wertvorstellungen arbeiten." Leo Pardo und Personalöwnix stimmen begeistert zu.

19

Kenne die Phasen der Veränderung und handle entsprechend!

Lono

Lono ist erwartungsvoll aufgeregt. Die Geschäftsführung der wichtigen Zweigstelle in Löwensburg soll neu besetzt werden. Tina Tiger hat bereits klar gemacht, dass er, Lono, beste Chancen hat. Sein langjähriger Traum könnte wahr werden.

Außerdem soll Lono heute sein 360-Grad-Feedback erhalten. Das sind die Ergebnisse einer Befragung unter Lonos Mitarbeitern, Kollegen und Vorgesetzten zu seinen Qualitäten als Führungskraft. Lono musste sich auch selbst einschätzen. Fünf Punkte standen in dem Fragebogen für höchste Kompetenz, null Punkte für Inkompetenz. Im Durchschnitt hatte Lono sich selbst mit vier Punkten bewertet: Volle fünf Punkte im Bereich Fachkompetenz, vorsichtige drei Punkte bei Methodenkompetenz. Bei Sozialkompetenz und Selbstkompetenz musste er nicht lange nachdenken. „Jeweils vier Punkte. Ich will ja nicht eingebildet erscheinen." Heute also würde er nun endlich auch die Einschätzung der anderen erfahren.

Als Lono an diesem Tag die Firma betritt, erhält er eine Lion-Mail von Tina Tiger, die ihn für 10 Uhr in ihr Büro bittet. „Das ist ein gutes Zeichen", freut sich Lono, „der neue Geschäftsführer von Löwensburg steht zum Dienstantritt bereit."

Als Lono zwei Stunden später Tinas Büro betritt, befällt ihn schnell ein seltsames Gefühl. Tina ist freundlich, wirkt aber ernst, beinahe angespannt. „Lono", sagt sie, „ich habe hier die Ergebnisse deines 360-Grad-Feedbacks. Am besten siehst du sie dir erst einmal selbst an." Lono öffnet mit zittrigen Pfoten den Umschlag, der vor ihm auf dem Tisch liegt. Fachkompetenz: 4,5. Methodenkompetenz: 3. Selbstkompetenz: 1,5. Und, Lono spürt deutlich den Kloß in seinem Hals, Sozialkompetenz: nur ein einziger Punk. Lono starrt auf den Zettel vor ihm und sieht die Zahlen vor seinen Augen verschwimmen. „Überwiegend inkompetent", das ist die Bedeutung von einem einzigen Punkt. Wie durch Watte hört er Tina sagen: „Es tut mir leid Lono, das ist ein Weckruf, den ich nicht erwartet habe. Unter diesen Umständen kann ich dir auch keine Geschäftsführungsfunktion übertragen.

"Lono würde am liebsten losbrüllen. So eine Ungerechtigkeit! Nach allem, was er seinem Team gegeben hat. Nach all den Überstunden für den Teamerfolg, nach all den Opfern in seinem Privatleben! Bevor Lono seinem Ärger Luft machen kann, legt ihm Tina ihre Tigertatze auf die Schulter. „Ich weiß", sagt sie, „das muss ein harter Schlag für dich sein. Du bist in fachlicher

Hinsicht einer unserer fähigsten Mitarbeiter und ich schätze dich sehr. Ich würde dich gerne in deiner weiteren Entwicklung unterstützen. Bevor wir jetzt aber überstürzte Entscheidungen treffen, rate ich dir, den Nachmittag frei zu nehmen und den Schock zu verarbeiten. Morgen können wir dann über die nächsten Schritte nachdenken."

Lono verlässt nach dieser Besprechung die Firma mit gesenktem Kopf. In seinem Inneren herrscht Chaos. Er fühlt sich, als hätte er den Boden unter den Füßen verloren. „Keine Ahnung, wie es jetzt weitergehen soll."

Am nächsten Morgen bittet Lono telefonisch um zwei weitere Tage Bedenkzeit. Mit seiner Frau Löwina spricht er lange und ausführlich. Auch über die Möglichkeit, in einem anderen Unternehmen neu zu beginnen oder sich vielleicht selbständig zu machen, denkt er nach. Manchmal kommen Lono die Tränen, wenn er daran denkt, wie blind er doch gewesen sein muss. „Aber vielleicht ist genau das die Bedeutung von ‚blinder Fleck' und ich erlebe gerade den typischen Feedback-Schock", denkt er sich.

Am dritten Tage schließlich betritt Lono mit erhobener Mähne das Büro von Tina Tiger. „Ich habe mich entschieden", sagt er mit fester Stimme, „ich will die Chance ergreifen und eine bessere Führungskraft werden." Tina schaut Lono mit respektvollem Blick an. „Du hast Mut, Lono!", sagt sie anerkennend.

Gemeinsam beschließen sie, dass Lono für ein weiteres Jahr seine bisherige Stelle behält und seine Führungskompetenz mit der Unterstützung eines Coaches schrittweise verbessern wird. Nach einem Jahr soll dann ein neues 360-Grad-Feedback durchgeführt werden.

Die erste Coachingsitzung findet bereits nach wenigen Tagen statt. Lono tut es gut, seinem Kummer und seinem Frust im geschützten Rahmen des Coachings Luft zu machen. Er wird aber auch immer wieder gefordert, erste Lösungsansätze zu entwickeln. Besonders hilfreich ist für Lono die Metapher für Veränderungsprozesse: „Der Zustand vor einer Veränderung kann als Eisblock verstanden werden. Fest, starr, unflexibel. Dann geschieht etwas, das das Eis zum Schmelzen bringt. Im flüssigen Zustand ist Wasser formbar, anpassungsfähig, flexibel. Wenn dann die richtige Form gefunden ist, kann es zu einem neuen stabilen Zustand gefroren werden. Das ist der typische Ablauf einer Veränderung. Der Haken an der Sache ist nur: In der flüssigen Phase, in der die Veränderung möglich ist, fühlen sich viele Löwen sehr unsicher und verletzlich. Die alte Stabilität ist nicht mehr da, die neue Stabilität ist noch nicht erreicht." „Ja", stimmt Lono innerlich zu, „die alte Stabilität ist nicht mehr da." Und nach einer Weile wird ihm klar, dass das wahrscheinlich ein gutes Zeichen ist.

Kimba

Kimba ist erwartungsvoll aufgeregt. Die Präsentation für das Projekt „Führungskompetenz bei Tiger & Meyer" steht an. Außerdem soll er heute sein 360-Grad-Feedback erhalten. Kimba war es nicht leicht gefallen, sich selbst einzuschätzen, aber am Ende hatte er selbstsicher in den vier Kompetenzbereichen jeweils vier Punkte, also „überwiegend kompetent" angekreuzt. Das Ergebnis der Fremdeinschätzung liegt in fast allen Punkten leicht über seiner Selbsteinschätzung, nur im Bereich „Fachkompetenz" haben die anderen seine Bewertung von vier Punkten bestätigt. „Ein wirklich beeindruckendes Ergebnis", sagt Tina Tiger mit Blick auf die Bewertungsbögen. „Ich bin sicher, unser Führungsprojekt ist bei dir in guten Tatzen. Wann werden die nächsten Schritte offiziell dem Team präsentiert?" „In zwei Wochen schon", sagt Kimba, „ich habe gleich im Anschluss eine weitere Planungssitzung mit Personalöwnix und Leo Pardo."

Schon zwanzig Minuten später sind die drei Löwen in ihre Projektpläne vertieft. Leo Pardo resümiert den bisherigen Stand der Dinge: „Von den fünf Phasen des Veränderungsprozesses stecken wir gerade noch mitten in Phase 1, der Analysephase. Das 360-Grad-Feedback wird uns helfen, Veränderungsbedarf besser zu erfassen. In Phase 2, der Entscheidungsphase, werden wir dann klare Weichen stellen müssen und auch das Top-Lion-Management muss dann Farbe bekennen, das heißt nicht nur Budgets genehmigen, sondern auch Funktionen in den Steuerungsgruppen des Projektverlaufs übernehmen. Welche Maßnahmen dann konkret wann und wie umgesetzt werden, planen wir in Phase 3, der Planungsphase, und in Phase 4 setzen wir es dann um, weshalb sie logischerweise Umsetzungsphase heißt." „Hast du nicht noch was vergessen?", fragt Kimba nach. „Ach ja, Phase 5, die Partyphase, in der wir uns gemeinsam über den Erfolg freuen!" Leo Pardo grinst. „Ich nenne Phase 5 lieber Evaluationsphase. Denn bevor wir die Erfolge feiern, müssen wir erst einmal prüfen, ob es überhaupt etwas zu feiern gibt", wirft Personalöwnix ein. „Komm schon, Partyphase ist doch viel schöner", beharrt Leo. Personalöwnix lächelt zuversichtlich.

Kimba denkt über die fünf Projektphasen nach. Er hat noch Zweifel, ob er alles richtig verstanden hat, und gibt zu bedenken:

„Könnte man nicht auch sagen, dass das Veränderungsprojekt schon viel früher begonnen hat? Als uns bewusst geworden ist, dass die Führungskultur bei Tiger & Meyer verbessert werden muss, hat die Analysephase, also Phase 1, meiner Meinung nach schon begonnen. Wir haben dann entschieden und auch schon grünes Licht von Tina Tiger erhalten. In meinen Augen war das bereits die Entscheidungsphase, also Phase 2. Dann haben wir erste Pläne gemacht, zum Beispiel zum 360-Grad-Feedback. War das nicht schon Phase 3, die Planungsphase? Dann wären wir jetzt schon in Phase 4, also mitten in der Umsetzung. Und es stimmt ja auch: schon heute werden die Ergebnisse des 360-Grad-Feedbacks präsentiert."

„Du hast Recht", stimmt Personalöwnix ihm zu, „aus unserer Sicht sind wir schon in der Umsetzungsphase. Aber aus der Sicht der Führungskräfte, die heute ihr Feedback erhalten, beginnt erst jetzt die Analysephase. Das Problembewusstsein war vorher bei den meisten doch noch gar nicht da! Darum müssen wir jetzt auch sehr vorsichtig sein." „Wieso vorsichtig?", fragt Kimba gespannt nach. „Vorsichtig, weil wir bereits voller Optimismus und Tatendrang in der Umsetzungsphase sind, während alle anderen, die von Projekt betroffen sind, gerade erst das Problem erkennen und aller Erfahrung nach weder optimistisch, noch tatendurstig sind, sondern eher verunsichert, skeptisch und vielleicht sogar ablehnend. Genauso, wie auch du verunsichert warst, als du zum ersten Mal das Problem erkannt hast." Kimba kann sich noch genau an diese Zeit erinnern und stimmt Personalöwnix zu.

„Das bedeutet also", sagt er, „dass wir uns jetzt erst einmal auf viele Fragen und vielleicht auf Gegenwind gefasst machen müssen. Ich denke, wir sollten genügend Zeit für den emotionalen Verarbeitungsprozess der Führungskräfte einplanen, ihn auch durch moderierten Austausch in der Gruppe begleiten, vielleicht sogar in Einzelgesprächen." „Du hast völlig Recht", schließt Leo Pardo die Besprechung ab. „Aber nicht vergessen: Selbst wenn es länger dauern sollte, kommt am Ende die Partyphase!"

20
Nutze Widerstand konstruktiv!

Lono

Lonos erste Führungsherausforderung nach seinem 360-Grad-Feedback lässt nicht lange auf sich warten. Er hat in seiner Abteilung einen neuen Vertretungsplan eingeführt, damit bei Abwesenheit eines Mitarbeiters anstehende Programmier- und Supportarbeiten nicht einfach unerledigt bleiben. Der Aufwand pro Mitarbeiter ist in Lonos Augen lächerlich gering. Sie müssen lediglich ihre Projekte in einem zentralen Datenblatt anlegen und am Ende eines Arbeitstages fünf Minuten darauf verwenden, den aktuellen Stand einzutragen. Dadurch kann jederzeit jeder Mitarbeiter dort weitermachen, wo vorher ein anderer aufgehört hat. Ein enormer Vorteil bei wenig Aufwand. „Das dürfte sicher kein Problem sein", beendet Lono seine Ansprache an die Mitarbeiter, nachdem er ihnen das neue Vertretungssystem ausführlich erklärt hat. Aber offenbar hat er sich getäuscht: skeptische Blicke, ablehnende Körpersprache, Kopfschütteln bei seinen Mitarbeitern. „Was ist denn jetzt schon wieder mit denen los?", fragt sich Lono. „Erst beschweren sie sich über die Verzögerungen bei Fehlzeiten, jetzt sind sie mit dieser Lösung auch nicht zufrieden."

Ausgerechnet Willy Wolf meldet sich als Erster zu Wort: „Echt jetzt? Mensch, Lono, das sind wieder ein paar Minuten mehr Arbeit. Dann komme ich noch später zum Feierabend." Lono ärgert sich. Willy denkt mal wieder nur an sein Freizeitprogramm und hat wohl nicht verstanden, dass mit dem neuen Vertretungssystem im Ergebnis alles viel reibungsloser funktioniert und er immer noch pünktlich nach Hause kommt. Auch Lars Lichtblick ist nicht begeistert. „Ich sehe ehrlich gesagt auch nicht so recht den Sinn darin, jetzt noch mehr Bürokratie aufzubauen", sagt er, „man könnte doch auch einfach Bescheid geben, wenn man am nächsten Tag nicht kommen kann und dann einfach flexibel eine Vertretung bestimmen. Mir ist das jetzt ehrlich gesagt alles zu kompliziert und umständlich." Lonos Krallen bohren sich in die Stuhllehnen. Er sagt jedoch nichts, atmet tief ein und langsam wieder aus. „Das muss ich unbedingt meinem Coach erzählen", denkt er sich und schaut seinen Assistenten Leopold an, der aber offenbar nichts weiter zur Diskussion beisteuern möchte. „Wenigstens du hättest mich hier unterstützen können", denkt sich Lono enttäuscht, atmet noch einmal tief durch und mit viel Selbstkontrolle gelingt es ihm, mit relativ normaler Stimme zu sagen: „Danke für eure Meinungen. Ich hätte ehrlich gesagt nicht mit so viel Ablehnung gerechnet. Lasst uns das Thema auf nächste Woche vertagen." Lono ist stolz darauf, sachlich geblieben zu sein. „Früher wären die Fetzen geflogen", denkt er sich.

Später am Nachmittag hat Lono eine Coachingsitzung und lässt seinem Frust freien Lauf. „Diese träge Faultierbande!", schimpft er, „Gegen jede Kleinigkeit Widerstand leisten und bloß keine Veränderung zulassen!" Es tut ihm gut, seine Gefühle in Worte zu fassen und er weiß, dass es seinem Team gut tut, wenn er diese Worte im Coaching, statt im Besprechungsraum äußert.

Sein Coach schaut ihn aufmerksam an und sagt: „Wenn ich dich richtig verstehe, dann ärgert dich nicht nur die, aus deiner Sicht träge Reaktion einiger Mitarbeiter, sondern auch die Vermutung, dass sie den Vorteil deines Vorschlages nicht erkannt haben?" Lono weiß manchmal nicht, ob sein Coach eine Aussage machen oder eine Frage stellen wollte. Er denkt erst einmal weiter nach und antwortet schließlich: „Ja, das stimmt, ich merke, wie enttäuscht ich darüber bin, dass meine gute Idee so wenig Zustimmung gefunden hat. Denn es ist wirklich eine gute Idee, weil die Lösung …" Der Coach unterbricht ihn freundlich und sagt: „In deinem Kopf ist die Idee gut. In den Köpfen deiner Mitarbeiter ist sie aber noch gar nicht angekommen. Sieh mal: Jeder Löwe konstruiert seine Vorstellung der Welt aus seiner eigenen Perspektive. Du hast viel Zeit für die Konstruktion der Idee benötigt und deinen Mitarbeitern schließlich eine Lösung präsentiert für ein Problem, das sie noch gar nicht erkannt hatten." Lono wird die Bedeutung dieser Worte erst langsam bewusst. „Aber", fragt er schließlich vorsichtig nach, „ist es denn nicht meine Aufgabe als Führungskraft, meinem Team immer einen Schritt voraus zu sein?"

Sein Coach sieht ihn ernst an und sagt schließlich: „Ja, das ist eine Aufgabe der Führungskraft. So wie ein Schäfer seiner Herde manchmal vorausgehen muss, um den Weg zu erkunden. Er muss dann aber auch wieder hinterhergehen, die Herde antreiben und sicherstellen, dass niemand auf der Strecke bleibt. Wenn er zu weit vorauseilt, geht der Anschluss verloren; geht er nur hinterher, kann er nicht die Richtung beeinflussen. Und außerdem", fügt sein Coach noch hinzu, „sind Löwen keine Schafe. Löwen haben nämlich meistens auch noch eigene Meinungen." Lono fühlt sich leicht verwirrt durch diese Geschichte, spürt aber irgendwie auch, dass eine wichtige Botschaft darin enthalten ist.

Kimba

Kimbas erste Führungsherausforderung nach dem offiziellen Projektstart von „Führungskompetenz bei Tiger & Meyer" lässt nicht lange auf sich warten. Bertram Bubo hat beim Top-Lion-Management Beschwerde eingelegt gegen den „Eingriff in meine Autonomie als Führungskraft", wie er es formulierte. „Jetzt wird sich zeigen, ob und wie die oberste Etage die versprochene Rückendeckung tatsächlich gibt", sagt Leo Pardo bei der Projektbesprechung am Nachmittag. Personalöwnix sieht ihn nachdenklich an. „Einerseits stimmt das, wir brauchen die Rückendeckung von oben", wägt er ab. „Andererseits müssen wir uns überlegen, wie wir selbst am besten mit der Situation umgehen. Bertram Bubo ist die dienstälteste Führungskraft im Hause und hat eine Menge Erfahrung und Ansehen. Wir sollten seine Bedenken auf jeden Fall ernst nehmen." „Das stimmt", bestätigt Kimba, „Bertram ist für viele Zweigstellenleiter wie ein Mentor. Wenn er das Projekt nicht unterstützt, werden auch andere in ihren Zweifeln bestärkt. Kimba öffnet eine Lion-Net-Seite auf seinem Laptop". „Hier. Dieses Expertenportal zum Thema Change-Prozesse habe ich gefunden. Hört mal, was hier steht: ‚In jedem Veränderungsprozess gibt es *driving forces* und *restraining forces*, also Mitarbeiter, die das Projekt unterstützen und andere, die ihm kritisch gegenüber stehen. Aus seiner persönlichen Perspektive ist jeder Einzelne mit seiner Ansicht im Recht. Dies sollten Sie als Führungskraft berücksichtigen. Denn es steckt oft ein großer Wert in den kritischen und nachdenklichen Kommentaren. Wenn es gelingt, alle Betroffenen zu Beteiligten zu machen und die verschiedenen Perspektiven in einem konstruktiven Austausch zusammenzubringen, bietet sich die Chance, offene Fragen zu klären und blinde Flecken zu beleuchten. Am Ende profitiert davon das gesamte Projekt.'" Kimba liest noch einen Moment weiter und fügt dann hinzu: „Die Idee mit den treibenden und bremsenden Kräften stammt übrigens von Kurt Löwihn, der gleiche Psychologe, der auch das Modell mit den drei Phasen Auftauen, Veränderung, Einfrieren erfunden hat. Ihr erinnert euch? Das mit dem Eisblock."

Die drei erarbeiten in den nächsten 45 min eine Liste von Leitsätzen für ihr weiteres Vorgehen. Damit wollen sie Tina Tiger gegenüber zeigen, dass sie sich auf weitere Widerstände gut vorbereitet haben und auch kritische Stimmen in den Prozess einbinden werden. Gleichzeitig sind sich Kimba, Personalöwnix und Leo bewusst, dass ihr Veränderungsprojekt zumindest kurzfristig mehr Kraft kosten wird als zunächst erwartet. „Wir müssen darum immer deutlich machen", gibt Leo Pardo zu bedenken, „dass nach dem Tal in der Leistungsfähigkeit ein ganz erheblicher Produktivitätszuwachs zu erwarten ist." „Ja, ja, ich weiß schon", gibt Kimba lachend zurück, „und dann kommt die Partyphase!"

Die drei Leitsätze, die sie am späten Nachmittag Tina Tiger präsentieren, lauten:

„Veränderung schafft Unsicherheit und Unsicherheit braucht Führung."

„Treiber und Bremser handeln jeweils mit der besten Absicht. Beide Seiten können einen wichtigen Beitrag leisten."

„Das Tal in der Leistungsfähigkeit überwinden wir gemeinsam am besten. Dazu brauchen wir offene Gespräche und einen moderierten Meinungsaustausch."

„Einverstanden, Jungs", sagt Tina, „ich bin überzeugt, dass wir genau auf dem richtigen Weg sind. Mit Bertram Bubo habe ich übrigens heute ein längeres Gespräch geführt. Er hat Bedenken, dass viele ältere Führungskräfte sich nicht so schnell auf die neuen Führungsmethoden einstellen können. Außerdem befürchtet er den Verlust wichtiger Erfahrungen seiner Generation, die vielleicht am Ende nicht in die neuen Konzepte einfließen".

„Das sind tatsächlich sinnvolle Überlegungen", gibt Kimba zu. „Ich schlage vor, dass wir mit Bertram ein ausführliches Gespräch führen. Vielleicht sollten wir eine Senior-Expert-Gruppe aus erfahrenen Führungskräften bilden." „Das würde ich sehr begrüßen", stimmt Tina Tiger zu.

21
Mache erste Erfolge sichtbar – bis zum krönenden Abschluss!

Lono

Lono hat sich die Worte seines Coachs sehr zu Herzen genommen. „Ich habe meinen Mitarbeitern eine Lösung präsentiert, bevor sie überhaupt das Problem kannten", wiederholt er seine Einsicht. Inzwischen hat er noch mehr zu diesem Thema recherchiert und ist auf den Begriff der „Anschlussfähigkeit" gestoßen. Dieses Wort gefällt Lono sehr gut, denn er stellt sich vor, wie die Idee des neuen Vertretungsplans den Anschluss an die Denkwelt seiner Mitarbeiter findet. „Genauer gesagt", korrigiert er sich, „an die verschiedenen Denkwelten der verschiedenen Mitarbeiter."

In einer ausführlichen Besprechung mit seinem Team gelingt es Lono, die verschiedenen Meinungen seiner Mitarbeiter in einen konstruktiven Austausch zu kanalisieren. Er zeigt außerdem sehr anschaulich an Hand von vergangenen Urlaubsplänen und Krankheitstagen, dass der Zielerreichungsgrad laufender Projekte in den letzten Monaten durch ein schlechtes Vertretungsmanagement tatsächlich enorm gesunken ist. „Und du denkst wirklich, dein neues System löst das Problem?", fragt Lars Lichtblick. „Ja, das denke ich wirklich", sagt Lono und fügt hinzu: „Betrachtet bitte den aktuellen Entwurf als den besten Vorschlag, den ich mir ausdenken konnte. Es würde mich sehr freuen, wenn wir ihn zusammen weiter verbessern. Unser gemeinsames Ziel ist es schließlich, die Arbeitseffektivität nicht unnötig zu gefährden, sondern konstant hoch zu halten." Das sehen seine Mitarbeiter genauso und Lono ist sehr zufrieden, als am Ende der Besprechung das neue, jetzt sogar leicht verbesserte, Vertretungsmanagement von allen Mitarbeitern gemeinsam beschlossen wird.

Da es in den nächsten Wochen jedoch nur wenig Fehlzeiten gibt, kommt das neue Vertretungsmanagement noch nicht zur vollen Entfaltung. Ein paar Unklarheiten über die tägliche Datenpflege führen zu kurzen Diskussionen, doch unterm Strich ist Lono mit der Einführung zufrieden. Eines Tages jedoch hört er durch die angelehnte Tür des Nachbarbüros eine Unterhaltung, die ihn ärgert. „Jetzt haben wir mit so viel Aufwand das neue Vertretungssystem besprochen, aber wirklich genutzt hat es uns auch nichts", hört er Lars Lichtblick sagen und er ist sich sicher, dass es Willy Wolf ist, der antwortet: „Das stimmt. Und vor allem müssen wir jeden Tag diese blöde Datenbank pflegen und ich komme darum manchmal erst fünf Minuten nach Feierabend aus der Firma." Lono seufzt und stützt die Mähne auf die Tatzen. „Ob jemals der Tag kommen wird, an dem keiner meckert?", fragt er sich.

In der nächsten Coachingsitzung bespricht er das Thema mit seinem Coach. „Warum sind die nur so ungeduldig?", denkt Lono laut nach. „Sie haben den Sinn doch verstanden und müssten erkennen, dass vielleicht keine positiven Effekte zu beobachten sind, es aber auch keine Probleme mehr gibt." „Wenn du sagst, deine Mitarbeiter müssten das erkennen, woran genau könnten sie es denn erkennen?", fragt ihn sein Coach interessiert. Die Frage trifft ins Schwarze. „Das stimmt", sagt Lono erstaunt, „woran sollten sie es merken?" Gemeinsam mit seinem Coach plant Lono eine Strategie, wie die Erfolge des neuen Vertretungssystems sichtbar und spürbar gemacht werden können.

Am nächsten Morgen bittet Lono Leopold in sein Büro. „Leopold", fragt Lono seinen Assistenten, „stell dir einmal vor, über Nacht würde das neue Vertretungsmanagement optimal funktionieren. Woran würden unsere Mitarbeiter das wohl merken?" Auf diese Frage ist Lono stolz. Es ist eine Abwandlung der Wunderfrage, die Lono im Coaching kennengelernt hat. Dort hat er auch erfahren, dass die Wunderfrage von dem Psychotherapeuten und Autoren Löw de Shazer entwickelt wurde. Leopold denkt eine Weile über die Frage nach. „Ich schätze, sie würden es nur dann merken, wenn sie die Projektstatistiken einmal im Überblick sehen könnten", sagt er schließlich. „Aus der Perspektive des einzelnen Mitarbeiters kann man den großen Zusammenhang nicht erkennen." Lono bedankt sich für diese wichtige Information und zeigt in der nächsten Besprechung anschaulich, dass der Zielerreichungsgrad der laufenden Projekte so gut wie nicht variiert, auch wenn ein Mitarbeiter der Projektgruppe ausfällt. „Und das", fügt Lono mit erhobener Zeigekralle hinzu, „wird uns in der anstehenden Urlaubszeit eine ganze Menge Stress ersparen. Wenn es so weiter läuft, muss niemand mehr Überstunden machen, um den Urlaub vorzubereiten und nach dem Urlaub wird ein schöner, aufgeräumter Schreibtisch warten und nicht das bisherige Projektchaos." Die Mitarbeiter verstehen und nicken Lono anerkennend zu. „So viel Zeitersparnis", freut sich Willy Wolf, „dann können wir heute ja vielleicht ein bisschen früher Schluss machen!"

Kimba

Kimba hat sich die Worte aus der letzten Projektsitzung sehr zu Herzen genommen. „Das Tal in der Leistungsfähigkeit überwinden wir gemeinsam am besten. Dazu brauchen wir offene Gespräche und einen moderierten Meinungsaustausch", wiederholt er seine Erkenntnis. „Aber nur durch den Meinungsaustausch allein schaffen wir noch keine echte Motivation", gibt er Personalöwnix und Leo Pardo zu bedenken. „Das stimmt", bestätigt Leo Pardo, „wir brauchen Quick-Wins, damit alle Beteiligten erkennen, dass wir auf dem richtigen Weg sind. Wir dürfen nicht vergessen, dass Analysephase, Entscheidung und Planung in wenigen Wochen über die Bühne gegangen sind, die Umsetzungsphase dagegen dauert mindestens 12 Monate." „Eine lange Zeit", bestätigt Personalöwnix kopfnickend. „Da müssen wir Teilerfolge auf dem Weg deutlich machen, sonst verlieren unsere Führungskräfte die Lust."

Kimba fühlt sich ein bisschen an das Jagenlernen der Löwenkinder erinnert. Es ist Tradition, dass Löwenkinder im ersten Jahr, in dem sie bei der Jagd helfen dürfen, für alles gelobt werden, was sie schon richtig machen. Jeder Fortschritt soll spürbar werden. Die Pfoten des ersten erlegten Hasen gelten den Eltern als Glücksbringer, die sie mit viel Stolz aufbewahren. So bauen die Löwenkinder Schritt für Schritt Selbstvertrauen auf und mit jedem weiteren Entwicklungsschritt steigen Motivation und Lust am lebenslangen Weiterlernen. „Wir brauchen eine Hasenpfote", erklärt Kimba seinen erstaunten Kollegen. Schon nach wenigen erklärenden Worten sind Leo Pardo und Personalöwnix voll überzeugt.

Gemeinsam brainstormen sie eine Liste von Indikatoren, die ihnen und ihrem Team zeigen können, dass sich erste Erfolge der neuen Führungskultur einstellen. Auch ausgesuchte Meilensteine in der Projektumsetzung schreiben sie auf, zum Beispiel den Abschluss der Feedbackphase, den Startschuss der Coaching-Begleitung, ein Half-Way-Meeting aller beteiligten Führungskräfte zum Erfahrungsaustausch in der Projektmitte und so weiter. So entsteht eine ausführliche Liste, die mindestens ein Highlight pro Monat der weiteren Projektumsetzung bietet.

„Jetzt stellt sich nur noch die Frage, wie wir diese Highlights regelmäßig kommunizieren", merkt Personalöwnix an. Die drei entscheiden sich für einen Mix aus Veröffentlichungen im Intranet, einem monatlichen Projektbericht per E-Mail, moderierten Besprechungen zum Erfahrungsaustausch in den verschiedenen Zweigstellen und einigen anderen Ideen.

Nach wenigen Wochen kann Personalöwnix gemeinsam mit Kimba und Leo Pardo in einer Videokonferenz mit allen Führungskräften der Zentrale und der Zweigstellen eine ansehnliche Bilanz verkünden: Ad hoc-Befragungen zeigen 80 % positive Wahrnehmung des Führungsprojekts unter den Mitarbeitern. Das Personalmarketing meldet Erfolge bei der Rekrutierung von High-Potentials, denn die konsequente Führungskräfteentwicklung ist ein echtes Karriereargument. Erste Tendenzen zeigen, dass Fehltage von geführten Mitarbeitern zurückgehen und die Anzahl der Überstunden gesunken ist.

Als Tiger & Meyer wenige Monate später in einem angesehenen Branchenmagazin auch noch zum begehrtesten Arbeitgeber des Sektors gekürt wird, ist die Freude groß. Das Top-Lion-Management gibt eine Party für alle involvierten Führungskräfte und Projektmitarbeiter. „Wusste ich es doch", freut sich Leo Pardo, in der einen Pfote einen Drink, in der anderen ein Zebrahäppchen. „Die Partyphase ist einfach die beste Phase von allen!"

22
Erkenne Talente und schaffe Commitment!

Lono

Lono hat über mehrere Monate hinweg, begleitet von seinem Coach, an der Zusammenarbeit zwischen ihm und Leopold gearbeitet. Aus dem zu Beginn von Misstrauen und Ablehnung geprägten Verhältnis ist inzwischen eine Beziehung gewachsen, die geprägt ist von gegenseitigem Respekt und gegenseitiger Unterstützung. Die Ursache hierfür sieht Lono vor allem in seiner Offenheit gegenüber Leopold. Seit ihm bewusst wurde, dass er als Führungskraft oft herrisch, unnachgiebig und manchmal auch unfair gehandelt hat, legte er großen Wert darauf, Leopold zumindest teilweise in seinen persönlichen Lernprozess einzuweihen. Dadurch konnte ihm Leopold auch immer wieder wertvolles Feedback geben. Zugleich wurde es durch die zunehmende Wertschätzung auch für Lono einfacher, Leopold gegenüber konstruktive Kritik zu äußern, statt einfach nur zu nörgeln. Im gegenseitigen Austausch lernten beide nicht nur einen besseren Umgang miteinander, jeder für sich konnte auch seine eigene Sozialkompetenz deutlich steigern. Trotz dieser positiven Entwicklung bleibt Leopold bei seinem Plan, in näherer Zukunft seine Assistenzstelle bei Lono zu verlassen, um selbst eine Position mit Führungsverantwortung zu suchen, entweder intern bei Tiger & Meyer oder in einem anderen Unternehmen der Branche.

Durch einige wertvolle Tipps seines Kollegen Kimba zur Personalsuche und zum Auswahlprozess, konnte Lono aus mehreren Bewerbern einen sehr vielversprechenden Nachfolger für Leopold auswählen. Sein Name: Heinz Hyäne. Heinz ist extrem intelligent und sehr fleißig, allerdings benimmt er sich ab und zu ein bisschen großkatzig, findet Lono. Immer bestens gekleidet, immer perfekte Manieren, Ausbildung an der Liondon Business School … „Früher hätte ich mich von so einem wahrscheinlich bedroht gefühlt", muss er vor sich selbst zugeben. Doch inzwischen hat er nicht nur das Selbstvertrauen in seine eigene Kompetenz, sondern er traut sich auch zu, den neuen Mitarbeiter in seiner Entwicklung zu unterstützen. „Vielleicht entspannt er sich mit der Zeit ein bisschen und muss dann nicht mehr so angeben", denkt sich Lono. „Außerdem bringt er wirklich hervorragende Leistungen."

Je mehr Lono über sein Team und die gesamte Mitarbeiterschaft von Tiger & Meyer nachdenkt, umso klarer wird ihm der Wert, der in diesen Löwinnen und Löwen steckt. „Unsere

Mitarbeiter sind unser wertvollstes Gut", denkt sich Lono und bespricht mit seinem Coach, wie er diesen Gedanken in seiner Arbeit als Führungskraft nutzen kann. „Die neue Generation junger Talente will gefördert werden", erfährt er im Coaching. „Sie wissen, dass Unternehmen schon heute um die Führungskräfte der Zukunft konkurrieren. Darum fordern sie oft auch ganz selbstbewusst klare Karriereoptionen und exzellente Weiterbildungsangebote." Lono kann diese Einschätzung aus seiner Erfahrung bestätigen, aber eine Frage kommt in ihm auf. „Und wie soll ich mit einem Mitarbeiter umgehen, dessen Talente nicht wirklich zu seinen Aufgaben passen?", fragt er vorsichtig. Im folgenden Gespräch erklärt er, dass er es inzwischen bereut, seinen Studienfreund Willy Wolf eingestellt zu haben. „Er ist ein prima Kerl, ein echter Partylöwe. Sehr witzig, immer gut gelaunt und findet mit jedem sofort die richtige Wellenlänge. Aber Computersupport und Softwareentwicklung ist einfach nicht sein Ding. Zu eintönig, zu unpersönlich. Im Moment scheint sein größtes Talent darin zu liegen, früh Feierabend zu machen."

Als Ergebnis der Coachingsitzung bittet Lono Willy zu einem Gespräch in sein Büro. „Willy, stell dir vor, es wäre über Nacht ein Wunder passiert und du hättest deinen Traumjob." Lono ist inzwischen ein großer Fan der Wunderfrage und er hofft, sie hilft ihm auch hier weiter. „Woran würdest du es dann als erstes merken?" Willy schaut Lono kurz fragend an. Dann sprudelt es aus ihm heraus: „Also, als erstes würde ich viele interessante und neue Leute kennenlernen. Ich könnte viel erzählen und viel Neues erfahren. Beziehungen aufbauen, verstehst du? Außerdem bräuchte der Job auch einen gewissen Spaßfaktor, Reisen wäre zum Beispiel toll und die Welt kennenlernen." Willy stoppt, als er sieht, dass Lono ihn breit angrinst. „Willy, was hältst du davon, wenn wir beide einmal rüber gehen zu Katja Katze? Sie hat mir neulich erzählt, dass im Vertrieb ein talentierter Außendienstler für unsere internationalen Großkunden gesucht wird."

Zwei Monate später erhält Lono eine Postkarte aus Rio de Gepardo: „Freund Lono, es ist traumhaft. Bis in die späte Nacht bin ich mit den brasilöwianischen Einkäufern um die Häuser gezogen. Und rate was? Gleich am nächsten Morgen haben sie uns den größten Auftrag in der Geschichte von Tiger & Meyer erteilt. Danke für alles!"

Kimba

Kimba hat über mehrere Monate hinweg an der Zusammenarbeit zwischen ihm und Jano Jaguar gearbeitet. Die beiden hatten von Anfang an eine Beziehung gegenseitigen Respekts und hoher Wertschätzung füreinander. „Es braucht aber immer auch eine Menge Zeit und Kraft bis man so richtig aufeinander eingespielt ist und wirklich hocheffizient zusammenarbeitet", bewertet Kimba die Entwicklung.Mit der Zeit stellt Kimba fest, dass Jano wirklich hervorragende Arbeit leistet. Oft übertrifft er Kimbas Erwartungen sogar deutlich. Wenn die beiden ein Projekt besprechen, erstaunt ihn Jano oft mit seinem umfangreichen Wissen. Immer hat er ein passendes Erklärungsmodell zur Hand, kennt eine interessante Studie zu dem Thema oder weiß ein Beispiel aus der aktuellen Tagespresse. „Ich kenne kaum jemanden, der besser informiert ist", staunt Kimba oft. „Ach, das ist doch nichts Besonderes", wiegelt Jano Kimbas Bewunderung ab, „ich bin eben noch im Studium und lerne den ganzen Kram ja auch für meine Klausuren." Stimmt, manchmal vergisst Kimba, dass Jano ja nebenbei auch noch einen Master in Chamäleonbridge macht. Im Fernstudium.

„Haben wir bei Tiger & Meyer eigentlich ein Programm, um High-Potentials zu fördern und zu binden?", fragt Kimba in einer der nächsten Besprechungen mit Personalöwnix und Leo Pardo, dem Leiter der Lion-Entwicklung. „Offiziell haben wir nur unser Programm zur gemeinsamen Führungskultur", antwortet Leo Pardo, „aber etwas Spezielles für High-Potentials? Nicht, dass ich wüsste." Personalöwnix meldet sich zu Wort: „Wir haben bisher immer darauf geachtet, besondere Talente im Unternehmen zu fördern. Das geschieht aber meistens ganz individuell. Manchmal hat sich ein Mentoring durch einen erfahrenen Mitarbeiter ergeben, manchmal haben wir eine Fachausbildung gezahlt oder zusätzlichen Bildungsurlaub gegeben. Aber das war bisher eher Glückssache, manchen wurde es angeboten, anderen nicht." Gemeinsam besprechen die drei, dass sie als nächstes Projekt ein Förderprogramm für Nachwuchstalente bei Tiger & Meyer ins Leben rufen möchten.

Am Nachmittag denkt Kimba weiter über das Thema nach: „Glückssache. Wenn ich mir Jano ansehe, dann handelt es sich vielleicht um Glück, aber definitiv ist es das Glück des Tüchtigen."

Bevor er mit Jano über das Thema spricht, überlegt Kimba nach dem Schema der EGAL-Methode nach Zach Löwis. Es ist ihm schließlich nicht egal, ob Jano sein Talent bei Tiger & Meyer voll entfalten wird, oder ob er in ein paar Jahren bei der

Konkurrenz seine glänzende Karriere fortsetzt. „E steht für Ergebnis", grübelt Kimba und notiert dann in sein Büchlein: „Als Ergebnis will ich eine Win-win-Situation schaffen. Jano wird in seiner Entwicklung gefördert und Tiger & Meyer bindet einen wertvollen Mitarbeiter, der sich voll und ganz mit unserem Unternehmen identifiziert." Kimba überlegt weiter. „G steht für Grund." Aus welchem Grund will er seinen Mitarbeiter fördern? „Warum ist mir das eigentlich so wichtig?", fragt er sich. Dann schreibt er auf: „Das ist mir wichtig, weil ich daran glaube, dass die neue Generation von Führungskräften in einer noch komplexeren Welt bestehen muss, als wir es heute schon müssen. Mein Beitrag liegt darin, heute mein Bestes zu geben und die nächste Generation bestmöglich auf ihre Verantwortung vorzubereiten." Er liest den Satz noch einmal durch, findet ihn zwar ein bisschen pathetisch, aber im Kern steht er voll hinter der Aussage. Unter A wie Aktionen notiert er zunächst nur ein erstes Gespräch mit Jano. Und unter L wie Leverage schreibt er Leo Pardos Namen auf. „Der wird mir dann mit seiner Erfahrung als Lion-Entwickler schon weiterhelfen, wenn es konkret wird", denkt sich Kimba.

23

Fördere Stärken und biete eine Perspektive!

Lono

Ein Jahr nach seinem ersten 360-Grad-Feedback sitzt Lono im Büro von Tina Tiger. Er ist entspannt und gleichzeitig brennt er darauf, seine neuesten Ideen mit ihr zu besprechen. Seit einigen Monaten ist der zweite Dienstag im Monat der Jour fixe für ihr Zweiergespräch. Doch am heutigen Tag scheinen Tina die üblichen Berichte über die Vernetzung von Produktionsabläufen und die Weiterentwicklungen der Softwaresteuerung nicht zu interessieren. „Bevor wir zur regulären Tagesordnung unserer Besprechung kommen", sagt sie, während sie Lono einen Umschlag zuschiebt, „möchte ich gerne mit dir über das hier sprechen." Lono öffnet neugierig den Umschlag und ist überrascht, als er die aktuellen Ergebnisse des zweiten 360-Grad-Feedbacks in den Pfoten hält. Die einzelnen Bewertungen verschlagen ihm die Sprache: Die Fachkompetenz wurde wie schon im Vorjahr mit 4,5 bewertet. Bei der Methodenkompetenz zeigt die Einschätzung seiner Mitarbeiter, Vorgesetzten und Kollegen eine Steigerung von 3 auf 3,5. Aber vor allem die Punkte Selbstkompetenz und Sozialkompetenz sind es, die Lonos Herz höher schlagen lassen. Beide haben sich um zwei ganze Punkte verbessert, so dass er bei Ersterem 3,5 und bei dem Zweiten glatte 3 Punkte verzeichnen kann. „Herzlichen Glückwunsch, Lono", sagt Tina, „ich bin sehr beeindruckt von deiner kontinuierlichen und harten Arbeit an dir selbst. Inzwischen sehe ich in dir vollstes Potenzial für die Geschäftsführung einer eigenen Zweigstelle. Mein einziges Problem ist nur, einen würdigen Nachfolger für deinen jetzigen Verantwortungsbereich zu finden." Lono spürt eine Mischung aus Dankbarkeit und Stolz in sich aufsteigen. Dankbar, weil ihn sein Unternehmen so konsequent in seinem Entwicklungsprozess unterstützt hat; stolz, weil er genau weiß, wie schwer ihm dieser Prozess gefallen ist und wie viel Mut es ihn gekostet hat, seine eigenen Schwächen einzugestehen. „Danke", sagt er schließlich, „danke für die Unterstützung in der Vergangenheit. Und danke für das Vertrauen in die weitere Zusammenarbeit. Das ist die Karrierechance, von der ich lange geträumt habe". Zu zweit besprechen Tina und Lono die möglichen nächsten Schritte, um die Perspektive einer eigenen Zweigstelle für Lono zu konkretisieren. Lono spürt schon jetzt große Erfüllung, wenn er an diese neue Herausforderung denkt. „Ich bitte dich jedoch um ein paar Tage Bedenkzeit", sagt er zu Tina, „damit ich mich mit dem Stellenprofil vertraut machen kann. Außerdem möchte ich diese Entscheidung auch zu Hause mit meiner Frau besprechen."

„Selbstverständlich!", antwortet Tina. „Und wenn du deine Entscheidung getroffen hast, können wir in Ruhe weiter planen."

„Das ist wirklich eine tolle Chance!", ist Lonos erster Gedanke, als er das Büro von Tina verlässt. Aber er spürt auch eine diffuse Schwere und fast schon Trauer bei dem Gedanken, sein Team zurück zu lassen. Seine Abteilung mit all den Mitarbeitern, mit den Erinnerungen an die gemeinsam erlebten Höhen und Tiefen, all das ist ihm inzwischen ans Herz gewachsen. Er spürt, wie schwer ihm ein Abschied fallen würde. Als er sein Büro betritt, wartet Leopold schon auf ihn. Lonos Miene hellt sich auf. „Leopold", fragt er lächelnd, „bist du nicht auf der Suche nach einer Position mit Führungsverantwortung? Es könnte sein, dass in Kürze ein interessanter Posten frei wird und in meinen Augen gibt es keine bessere Besetzung als dich!"

Kimba

Ein Jahr nach dem Start des Projekts „Führungskultur bei Tiger & Meyer" sitzt Kimba mit Leandro und Jano Jaguar in seinem Büro. Sie unterhalten sich darüber, wie wichtig die Arbeit der Marktanalysten für die strategische Entwicklung des gesamten Unternehmens ist. „Aber was macht eigentlich einen guten Analysten aus?", fragt Jano. „Woran kann man das messen?" Leandro und Kimba blicken sich an. Die Frage ist gut.

Leandro antwortet: „In jedem Falle muss der Analyst ein hohes Wissen haben. Ohne detailliertes Fachwissen zu unseren Produkten, den Bedürfnissen der Kunden, aber auch zu den rechtlichen Rahmenbedingungen, braucht einer erst gar nicht anzufangen." „Ich kann mir vorstellen", ergänzt Jano, „dass man neben dem Wissen auch das richtige Können braucht. Ich wüsste zum Beispiel nicht, wie ich konkret die Rohdaten beschaffen soll, wie ich dann die Berechnungen anstelle, die richtigen Schlüsse ziehe. Das stelle ich mir sehr kompliziert vor." Kimba nickt zustimmend. „Ihr habt völlig Recht", sagt er, „Wissen und Können sind die Grundlage. Aber richtig gut wird man erst, wenn man eine Intuition für den Markt entwickelt hat. Wenn es nur um Daten und Zahlen ginge, könnte ein Computer die Arbeit wahrscheinlich besser bewältigen. Aber oft braucht man den richtigen Riecher, das Bauchgefühl, um die ganz komplexen und undurchsichtigen Zusammenhänge zu erkennen." „Wissen, Können und Intuition", schreibt Jano an ein Flipchart. „Und wie können unsere Analysten sich in den einzelnen Bereichen verbessern?" Kimba unterbricht Jano kurz und ruft in den Korridor hinaus: „Hey, Hans, Bob, könnt ihr uns bitte eine Minute helfen?" Dir beiden Analysten waren gerade auf dem Weg zur Mittagspause und kommen interessiert in Kimbas Büro. Nach einer kurzen Einleitung verstehen sie sofort: „Ihr wollt also wissen, wie Wissen, Können und Intuition entstehen? Für mich ist das ganz einfach erklärt: Wissen, das ist die Summe der Informationen, die ich verfügbar habe. Mit jeder neuen Information steigt mein Wissen. Können ist die Summe der Techniken und Methoden, die ich beherrsche. Immer, wenn ich zum Beispiel einen genaueren oder schnelleren Berechnungsweg lerne, steigt mein Können. Und Intuition, die kann man kaum jemandem beibringen. Intuition ist all das, was ich bisher erlebt habe. Man könnte sagen, Intuition ist die Summe der Erlebnisse. Wenn ich heute in bestimmte Situationen komme, dann weiß ich schon vom Bauchgefühl her, worauf es ankommt, weil ich eben schon ganz oft ähnliche Situationen erlebt habe. Auf meinen Erfahrungsschatz kann ich mich wirklich am besten verlassen." Kimba und Leo Pardo sind von der treffenden Erklärung beeindruckt, Jano hat die Essenz auf dem Flipchart notiert: „Wissen = Summe der Information, Können = Summe der Techniken und Methoden, Intuition = Summe der Erlebnisse."

„Mich erinnert das Ganze an eine Lektion, die ich in meinem ersten Führungskräftetraining gelernt habe: Handlungskompetenz besteht aus vier einzelnen Kompetenzblöcken: Fachkompetenz, Persönlichkeitskompetenz, Sozialkompetenz, Methodenkompetenz. Ich habe nur sehr lange gebraucht, um zu erkennen, wie ich in den einzelnen Bereichen besser werden kann." Leo Pardo zitiert seinen Lieblingsphilosophen: „Kongo Fuzius sagt: Der Mensch hat dreierlei Wege, klug zu handeln: Durch Nachdenken, das ist der edelste. Durch Nachahmen, das ist der einfachste. Und durch Erfahrung, das ist der bitterste." „Das stimmt aus meiner Sicht nicht ganz", denkt Kimba laut nach, „denn alle drei Wege sind wichtig und ergänzen sich gegenseitig. Nur durch eigenes Nachdenken kann neues Wissen den Anschluss an bereits vorhandenes Wissen finden. Durch Nachahmen werden Techniken und Methoden gelernt. Und durch Erfahrungen schließlich, das heißt, durch unsere persönlichen Erlebnisse, verknüpfen wir Wissen und Können mit bestimmten Situationen und können sie später in ähnlichen Situationen automatisch abrufen."

Zufrieden gehen die drei mit dieser Einsicht in die Mittagspause, um gemeinsam mit Hans und Bob ihre Gazellenburger und Zebrabrötchen zu genießen.

24

Fünf Schritte zur Meisterschaft!

Lono

Drei Jahre später. Lono ist inzwischen Geschäftsführer der Zweigstelle in Löwenfurt am Main. Unter seiner Leitung hat sich der Standort glänzend entwickelt. Nun steht Lono mit einem exzellenten Gnu-Spieß in der einen Pfote und einem Lion Island-Ice Tea in der anderen auf einer ganz besonderen Grillparty. Das Top-Lion-Management hat die verdientesten Führungskräfte des Unternehmens zu einem gemeinsamen Erfahrungsaustausch nach Zentral-Lafrika eingeladen, an den Ort, wo Tiger & Meyer vor vielen Jahren gegründet wurde.

Lono genießt gerade den herrlichen Ausblick über die weitläufige Steppe unter dem endlosen, stahlblauen Himmel. Er atmet den Duft der Wildnis ein und lächelt glücklich und entspannt, als er ein Räuspern hört. Er dreht sich um und sieht Tina Tiger und Kimba, die sich ebenso über das Wiedersehen freuen wie er. Sie sprechen über die alten Zeiten und über neue Ideen.

„Lono, was ich mich schon seit längerem frage: Mit welchen Augen betrachtest du denn nun im Nachhinein deinen Weg?" Als Kimba seinem Freund diese Frage stellt, wirkt Tina Tiger noch aufmerksamer als sonst. Lono denkt nach.

„Es sind fünf Schritte, die diesen Weg beschreiben", erklärt er schließlich. „Der Weckruf, mein persönlicher Weckruf, das war das 360-Grad-Feedback. Da wusste ich: Entweder du fängst jetzt nochmal ganz bescheiden an oder du wirst nie der Löwe werden, der du sein könntest. Diese Einsicht war Schritt eins. Schritt zwei war für mich die tägliche Wiederholung der Grundlagen: aufmerksam zuhören, die Wirkung meiner Worte abwägen. Dank der Unterstützung durch die Firma und durch das regelmäßige Coaching, konnte ich das im dritten Schritt immer mehr anwenden und umsetzen. Schritt vier war dann die konsequente Einbindung des Gelernten in meinen Alltag. Und der fünfte Schritt", Lono macht eine kurze Pause, „am fünften Schritt arbeite ich immer noch täglich. Das ist die Verstärkung, denn ich habe den Eindruck, jeden Tag wieder etwas Neues dazu zu lernen. Ich habe in dem Prozess erkannt, dass es nie ein ‚absolut richtig' oder ein ‚absolut falsch' gibt. Es gibt auch mit der besten Fachkompetenz, Persönlichkeitskompetenz, Sozialkompetenz und Methodenkompetenz keine Garantien. Aber seit ich bereit bin, meine eigenen Fehler zu erkennen und die Angst überwunden habe, nicht gut genug zu sein, seitdem ist mir bewusst, wie viel ich zu

einer gelungenen Kommunikation mit den anderen Löwen beitragen kann."

Kimba

Drei Jahre später. Kimba ist inzwischen Geschäftsführer und
auch Teilhaber einer neu gegründeten Tochterfirma von Tiger &
Meyer, die mit viel Erfolg strategische Beratung für internatio-
nale Unternehmen anbietet. Nun steht Kimba mit einem exzellenten Lion Island-Ice Tea in der einen Pfote und einem Gnu-
Spieß in der anderen auf einer ganz besonderen Grillparty. Das
Top-Lion-Management hat die verdientesten Führungskräfte
des Unternehmens zu einem gemeinsamen Erfahrungsaustausch
nach Zentral-Lafrika eingeladen, an den Ort, wo Tiger & Meyer
vor vielen Jahren gegründet wurde.

Es ist später Nachmittag, Kimba hat gerade ein sehr inspi-
rierendes Gespräch mit Lono und Tina geführt. „Ganz erstaunlich, welche Entwicklung Lono durchgemacht hat", denkt sich
Kimba. „Ich bin richtig stolz auf ihn." Er genießt gerade den
wundervollen Ausblick als er ein Räuspern hört und sich um-

dreht. Sofort sieht er Katja Katze und neben ihr Martin Silber-rücken Meyer, ein imposanter Gorilla mit wachen Augen und freundlichem Lächeln. Ein interessantes Gespräch entwickelt sich und als sich Katja in Richtung Buffet davonstiehlt, nimmt Martin Kimba zur Seite. Sie blicken nun beide über die sanften, gelblich schimmernden Hügel. „Weißt du", sagt Martin lang-sam und wohlüberlegt, „es ist dieser lange und niemals endende Lernprozess, der mich immer wieder neu antreibt. Es ist wie die Geschichte mit der eigenen Stimme. Wenn Löwenbabys zur Welt kommen, können sie zwar winseln und piepsen, aber erst, wenn sie als heranwachsende Halbstarke ihre Kräfte messen, entdecken sie, dass zu einem echten Löwen auch seine eigene Stimme ge-hört. Es vergehen viele Jahre des Übens. Alles muss stimmen, die Körperhaltung, die Atmung, die Spannung der Stimmbän-der – und erst dann gelingen die ersten Brüllversuche. Und nun schau dich an, Kimba. Ein voll ausgewachsener Löwe, mitten im Leben. Du hast deine Stimme gefunden und denkst wahrschein-lich nicht einmal mehr darüber nach, dass es mal eine Zeit gab, in der das noch nicht so war." Kimba lässt die Worte auf sich wirken und nickt langsam mit dem Kopf. „Das stimmt", sagt er, „und gleichzeitig stehe ich auch immer wieder am Anfang und entdecke stets neue Herausforderungen, die ich meistern möch-te." Martin klopft ihm freundschaftlich auf die Schulter. „Sag ich doch." Er lächelt Kimba mit einem aufgeweckten, warmen Blick an.

Die beiden kehren gemeinsam zur ihren feiernden Kollegen zurück, während eine riesige, untergehende Sonne die unendlich scheinende Savanne in ein sanftes rotes Licht taucht.

Akteure im Löwen-Universum

- Lono
- Kimba
- Tina Tiger – Mitbegründerin von Tiger & Meyer
- Hr. Müller-Wechselhaft – ehemals Chef von Lono, nun Leiter einer Zweigstelle von Tiger & Meyer
- Leopold – Lonos Assistent
- Dr. Hirn-Schmalz – ehemaliger Leiter der Abteilung strategische Entwicklung
- Leandro – Kimbas Assistent
- Lars Lichtblick – Lonos Mitarbeiter, Bugfixer, ehemals zuständig für Hardwaresupport
- Katja Katze – Leiterin der Marketing-Abteilung
- Bertram Bubo – Leiter der Finanzabteilung
- Hans Hakuna – Kimbas Mitarbeiter, zuständig für Marktanalysen
- Willy Wolf – Studienfreund von Lono, nun Lonos Mitarbeiter im IT-Support
- Linus Luchs – ehemaliger Studienfreund von Kimba
- Bob Cat – Kimbas neuer Mitarbeiter
- Personalöwnix – Leiter der Lioning-Abteilung
- Leo Pardo – Leiter der Lion-Entwicklung
- Jano Jaguar – ein neuer Mitarbeiter in Kimbas Abteilung
- Anti Lope – Mitarbeiterin im Service

- Richard Löwenscherz – Mitarbeiter in der Finanzabteilung
- Martin Silberrücken Meyer – Mitbegründer von Tiger & Meyer
- Heinz Hyäne – der Nachfolger von Leopold

Echte Personen, deren Namen geändert wurden

- Tomcat Hobbes ist der Philosoph Thomas Hobbes
- Pumanuel Kant ist der Philosoph Immanuel Kant
- Stephen Covlöwey ist der Autor Stephen Covey
- Paul Watzlöwick ist der Kommunikationsforscher Paul Watzlawick
- Robert Löwenbaum ist der Professor und Autor Robert Tannenbaum
- W.J. Löwwin ist der Managment Berater W. J. Reddin
- Frank und Heidi Giraffe sind die Unternehmensberater und Coaches Prof. Frank und Heidrun Strikker
- Das Sahari-Fenster ist das Johari-Fenster, entwickelt von den Sozialpsychologen Joseph Luft und Harry Ingram
- Sebastian Löwenbach ist der Coach und Führungskräftetrainer Sebastian Quirmbach
- Bruce Wolfman ist der Psychologe und Organisationsberater Bruce Tuckman
- Edgar Stachel Schwein ist der Professor für Organisationspsychologie Edgar Schein
- Kurt Löwihn ist der Psychologe Kurt Levin
- Löw de Shazer ist der Psychotherapeut und Autor Steve de Shazer
- Kongo Fuzius ist der chinesische Philosoph Konfuzius
- Zach Löwis ist der Referent und Autor Zach Davis

Printed in the United States
By Bookmasters